72パターンで
こんなに話せる
ドイツ語会話

CD BOOK

山木喜美子

明日香出版社

はじめに

Guten Tag!（こんにちは！）

　本書は、**「ドイツ語の日常会話をもっと気軽に勉強したいけれど、ただの丸暗記ではなく、ちゃんと理解したい」**とか、**「旅行でたった1回だけ使うドイツ語会話ではなく、基礎がわかって、きっちり役立つドイツ語会話を学びたい」**という多くの願望に応えて執筆しました。初級者だけでなく、ある程度知識のある方々にも一助となればとても幸いです。

　本書の特色は何と言っても、日常会話のフレーズを、ただ意味も構造もわからず丸暗記をするのではなく、タイトルの通り「パターン」（文型）でしっかり練習できることでしょう。読者が単語を入れ替えるだけで基礎的な会話のバリエーションを広げることができ、より理解が深まるよう考案されています。

　ドイツ語の文法は難関と言われます。本書では、そのつまずきやすい難所、またぜひ注意していただきたい大切な箇所を最小限にとどめて説明し、**よく使う「パターン」が72個集められていて集中的に練習できるので、学習効率が良いと確信しています**。それに加えて、ドイツの生活文化の中からいくつかぜひ紹介したい項目を例文に取り上げて解説し、コラムで写真を載せたりしています。

　「TeilⅠ これだけは!! 絶対覚えたい重要パターン21」では、はじめに基本パターンを学び、「応用」で否定パターンと疑問パターンを練習することで、少しずつドイツ語の構造に慣れていくように構成されています。さらに多くの箇所に「これも知っておこう！」のコーナーを設けましたので、ドイツ語の文の基本に対する理解が一層深まることでしょう。

　「TeilⅡ 使える！ 頻出パターン51」では、会話がさらに豊かになり、幅を広げるための、日常によく使われる表現をバラエティ豊富に取りそろえました。

　ドイツは、自然科学、哲学、そして文芸や音楽の分野で多くの著名

な人物を輩出してきました。宗教改革を成し遂げたルターもドイツが生んでいます。現代でも、環境保護やEUにおいて指導的役割りを果たすことで、ドイツは重要な責務を担っています。

　私が13年住んだドイツの各地を訪ねてみると、そこにはどこまでも広がる牧歌的な田園風景の中に、おとぎの世界から飛び出したような、かわいいおしゃれな家々が建ち並び、歴史的な市庁舎と市（Markt）が立つ広場、大聖堂を中心に、それは美しい街並みができています。

　ぜひ、そんなドイツを訪ね、この本を片手に、積極的にドイツ語を話してみましょう！　本の中でも紹介している、よく整備されたドイツの鉄道を使って、ドイツのあちこちを訪ねてまわるのもいいですネ！
　ちなみに、隣の国、オーストリアとスイス、リヒテンシュタインでもドイツ語は母国語として話されています。オランダ、ベルギー、ルクセンブルク、ポーランド、チェコ、ハンガリーなどでもドイツ語はよく通じるので、旅行の幅は広がりますね。ドイツを別の角度から観察してみるのも楽しみの一つとなるかもしれません。

　最後になりましたが、録音を一緒に担当し、ドイツ語の面でいろいろと協力してくださったミヒャエル・ノイバー（Michael Neuber）さんに深く感謝申し上げます。また担当編集者の石塚さんにもお世話になりました。ありがとうございました。

2015年2月
山木　喜美子

◆CDの使い方◆

CDには、「基本フレーズ」（日本語→ドイツ語）、「基本パターンで言ってみよう」（日本語→ドイツ語）、「応用パターンで言ってみよう」（ドイツ語のみ）が収録されています。ドイツ語が実際にどのように話されているかを確認しながら聴いてください。次に、発音やリズムをまねて、実際に言ってみましょう。慣れてきたら、日本語のあとに自分でドイツ語を言ってみましょう。

Inhaltsverzeichnis

ドイツ語・基本の基本！…8

Teil I

これだけは!!
絶対覚えたい重要パターン 21

1. これは／この方は～です／Das ist ～　…24
2. 私は～です／Ich bin ～　…28
3. 私は～の仕事をしています／Ich bin ～ (von Beruf)　…32
4. 私の名前は～です／Ich heiße ～　…36
5. 私は～を持っています／（時間・熱など）があります／Ich habe ～　…44
6. ～があります（存在します）／Es gibt ～　…48
7. 私は～を必要とします／Ich brauche ～　…52
8. ～と思います／Ich glaube, ～　…58
9. ～はいいですね／Es ist schön, dass ～　…62
10. 私は～します／Ich＋動詞（直説法現在形）　…66
11. 私は～しました／Ich bin / habe ～ 動詞の過去分詞　…72
12. 私は～することができます／Ich kann＋動詞の原形　…80
13. 私は～しなければなりません／Ich muss＋動詞の原形　…84
14. 私は～したいです／Ich möchte＋動詞の原形　…90
15. ～してもいい？　～してもよろしいですか？／Kann ich＋動詞の原形？　…94
16. ～してもらえない？／Kannst du＋動詞の原形？　…98
17. いつ～？／Wann ～？　…102
18. どこから～？ どこで～？ どこへ～？／Woher ～？ Wo ～？ Wohin ～？　…108
19. どうして～？ ～だから／Warum ～？　Weil ～　…114
20. いくつ～？ 何人～？／Wie viel(e) ～？　…118
21. どのくらい（長く）～？／Wie lange ～？　…122

使える！頻出パターン51

Teil II

22 どの〜? どちらの〜?／Welch(er/e/es) 〜? …128
23 何時に〜?／Um wie viel Uhr 〜? …130
24 〜をありがとう!／Danke für 〜! …134
25 〜してごめんなさい／(Es) tut mir leid, dass 〜 …136
26 〜をどう思う?／Wie findest du 〜? …138
27 〜してはいかがですか 〜などいかがですか?／Wie wäre es mit 〜? …142
28 〜おめでとう!／Herzlichen Glückwunsch zu 〜! …144
29 〜をうれしく思う、〜を喜ぶ／Ich freue mich über 〜 …146
30 すべてうまく行くように!／Alles Gute (für 〜)! …150
31 〜で安心した／Ein Glück, dass 〜 …152
32 〜楽しんできてね／Viel Spaß bei 〜 …154
33 〜にワクワクするね 〜に興味しんしん／Ich bin gespannt auf 〜 …156
34 〜を楽しみにしているよ／Ich freue mich auf 〜 …158
35 〜は楽しい 〜はおもしろい／〜 macht (mir) Spaß …160
36 〜が気に入っている／〜 gefällt mir …162
37 〜は(あなたに)よく似合っている／〜 steht dir / Ihnen (gut) …164
38 〜はおいしいですか?／Schmeckt dir / Ihnen 〜? …166
39 〜してくだされればありがたい／Es wäre net, wenn 〜 …170
40 〜してね! 〜しなさい!／命令形 …172
41 〜がんばってね! 〜での成功を祈ってるね!／Viel Erfolg bei 〜! …174
42 〜はうまく行った／〜 ist gut gelaufen / gegangen …176
43 〜する勇気がない 〜しようとしない／Ich traue mich nicht, ＋zu不定詞 …178

44	〜で困っている／Ich habe Probleme mit 〜	…180
45	〜が怖い　〜が不安だ／Ich habe Angst vor 〜	…182
46	問題ないよ！　かまわないよ！／Kein Problem!	…184
47	〜する気がないよ／Ich habe keine Lust auf 〜	…186
48	残念ながら〜　〜は残念です／Leider 〜	…188
49	〜してみる価値はあるよ／Es lohnt sich,＋zu不定詞	…190
50	〜を覚悟する　〜を勘定に入れる／Ich rechne mit 〜	…192
51	〜のことを思う（考える）／Ich denke an 〜	…194
52	〜によるよ、〜次第だね／Es hängt von 〜 ab	…196
53	〜は重要ではない、〜が問題ではない／Es kommt nicht auf 〜 an	…198
54	〜ってこと？　〜という意味？／Heißt das, dass 〜？	…200
55	普通は〜／normalerweise 〜	…202
56	驚いたことに／zu meiner Überraschung	…204
57	念のために／vorsichtshalber	…206
58	よりによって／ausgerechnet	…208
59	本当のことを言うと、正直言うと／um die Wahrheit zu sagen,	…210
60	…からずっと〜している／seit＋名詞の3格＋動詞（直説法現在形）	…212
61	〜するために／um＋zu不定詞	…214
62	〜する代わりに／statt＋zu不定詞	…216
63	〜しようよ！／Wollen wir＋動詞の原形？	…218
64	〜させて！　〜しよう！／Lass(t) mich / uns＋動詞の原形！	…222
65	そんなに〜じゃないよ／nicht so＋形容詞・副詞の原級＋wie	…224
66	AのほうがBより〜／A ist＋形容詞の比較級＋als B	…226
67	〜すぎるよ、あまりにも〜だよ／zu＋形容詞・副詞の原級	…230
68	〜をいただきたいのですが／Ich hätte gerne 〜	…232
69	〜だそうです／主語＋sollenの活用形〜	…234
70	〜しましょうか？／Soll ich 〜？ / Sollen wir 〜？	…236
71	〜したほうがいいよ、〜すべきだよ／主語＋solltenの活用形〜	…238
72	〜だけでなく…もまた、〜も…も／nicht nur 〜, sondern auch	…240

付録

カバーデザイン：渡邊民人(TYPE FACE)
カバーイラスト：草田みかん
本文デザイン　：TYPE FACE
本文イラスト　：ganki

◎ ドイツ語・基本の基本！ ◎

ようこそ『たったの72パターンでこんなに話せるドイツ語会話』へ！
　まずはこの「基本の基本」で、ドイツ語とはどんな言語なのか、おおまかなイメージをつかんでください。（受動態や関係代名詞などは割愛しています。）

1. 発音の注意点

　ドイツ語は、基本的にはローマ字読みすればいいのです。他の言語と大きく異なる点は、第一に、中間音と呼ばれるウムラウトがあること。

　Ä / äは、**a** ウムラウトと呼ばれ、普通に **a** を発音する口の形を作って「エー」と言えばOK。　　例　**Gelände**（ゲレンデ、敷地）
Ö / öは、口を丸めて突出し「エー」と言えばOK。　例　**Köln**（ケルン）
Ü / üも、口を丸めて突出し「イー」と言えばOK。　例　**München**（ミュンヘン）

　次に**ei, eu, äu**など、いくつかの二重母音が特別の読み方をされること。下に挙げた二重母音は必ず次のように発音します。大切な約束事！
ei/ey アイ　　例　**Herr Heine**（ハイネさん）〔男性〕
eu/äu オイ　　例　**Bayreuth**　（バイロイト）〔音楽祭で有名なドイツの都市〕

　子音で特に気をつけるべきことをまとめてみましょう。
　sは母音の前で有声化。それに対してドイツ語独特の子音**ß**（エスツェット）はどこにあっても**s**の無声音の発音。
　rは、水なしでうがいをやってみた時に出る音でほぼ間違いなし。ただし、言葉や音節の最後に**er**が付く時には、ほとんどの場合「アー」と発音され、最後にかすかに**r**の音が響く程度。
　chは**a, o, u**の後ではお腹の底からの深い息、**i, e**の後は喉からの浅い息。

2. 名詞と冠詞

●名詞の性と格

名詞は頭文字を大文字で書きます。文法上の「性」があり、人や動物だけでなく、すべての名詞が男性、女性、中性に区別されます。

男性と中性の名詞の2格の語尾には原則(e)sを付けますが、2格以下に(e)nを付けるものもあります。女性名詞は単数では格変化しません。

	男性		女性	中性
1格	der Vater	der Student	die Stadt	das Land
2格	des Vater**s**	des Studenten	der Stadt	des Land(**e**)**s**
3格	dem Vater	dem Studenten	der Stadt	dem Land
4格	den Vater	den Studenten	die Stadt	das Land

この活用をする名詞には、職業・身分・動物を表すものが多い。

●名詞の複数形

複数を作る語尾は次の6つのグループに分類され、そのうち4つはさらに2つのタイプに分かれ、アクセントのある母音がウムラウト化したりします。

グループ			単数	複数
同尾式 （後に何もつかない）	a)	–	der Wagen	die Wagen
	b)	˙˙	der Apfel	die Äpfel
E式 （後にeがつく）	a)	– e	der Tisch	die Tische
	b)	˙˙e	der Stuhl	die Stühle
ER式 （後にerがつく）	a)	– er	das Kind	die Kinder
	b)	˙˙er	das Haus	die Häuser
N式 （後に〔e〕nがつく）	a)	– n	die Blume	die Blumen
	b)	– en	die Uhr	die Uhren
S式		–	das Foto	die Fotos
特殊な複数形を持つもの			das Museum	die Museen

Tipp !　-el、-en、-erで終わる男性名詞は、ほとんどが同尾式。
複数がE式を取るのは男性名詞に多く、ER式を取るのは中性名詞、N式を取るのは女性名詞に多い。外来語はS式。

●定冠詞、不定冠詞、無冠詞

一般的に、すでに話題にしたもの、また「そもそも～というものは」という時には定冠詞を付け、初めて話題にするもの、また「ある一つの～」という時には不定冠詞を付けます。職業・身分・国籍を表す名詞や、物質名詞などには原則として冠詞を付けません。

●定冠詞の格変化

	<単数> 男性	女性	中性	<複数> 3性共通
1格	der	die	das	die
2格	des	der	des	der
3格	dem	der	dem	den
4格	den	die	das	die

●不定冠詞の格変化

	<単数> 男性	女性	中性	<複数>
1格	ein	eine	ein	なし
2格	eines	einer	eines	なし
3格	einem	einer	einem	なし
4格	einen	eine	ein	なし

●否定冠詞の格変化

	<単数> 男性	女性	中性	<複数> 3性共通
1格	kein	keine	kein	keine
2格	keines	keiner	keines	keiner
3格	keinem	keiner	keinem	keinen
4格	keinen	keine	kein	keine

●所有冠詞

	単数		複数	
1人称	mein	私の	unser	私たちの
2人称	dein	あなたの・君の〔親称〕	euer	あなたたちの・君たちの
	Ihr	あなたの〔敬称〕	Ihr	あなたたちの〔敬称〕
3人称	sein	彼の	ihr	彼らの
	ihr	彼女の		彼女らの
	sein	それの		それらの

● 所有冠詞meinの格変化 （前述の否定冠詞と同じ活用語尾）

	\<単数\>			\<複数\>
	男性	女性	中性	3性共通
1格	mein	meine	mein	meine
2格	meines	meiner	meines	meiner
3格	meinem	meiner	meinem	meinen
4格	meinen	meine	mein	meine

● 定冠詞類

※男性単数形

dieser	この	mancher	いくつかの
jener	あの	einiger	いくつかの
welcher	どの（疑問詞）	aller	すべての
solcher	そんな	jeder	どの～も

● dieserの格変化 （前述の定冠詞と同じ活用語尾）

	\<単数\>			\<複数\>
	男性	女性	中性	3性共通
1格	dieser	diese	dieses	diese
2格	dieses	dieser	dieses	dieser
3格	diesem	dieser	diesem	diesen
4格	diesen	diese	dieses	diese

3. 代名詞

● 人称代名詞

	単数	複数
1人称	ich　私	wir　私たち
2人称	du　あなた・君〔親称〕 Sie　あなた〔敬称〕	ihr　あなたたち・君たち Sie　あなたたち〔敬称〕
3人称	er　彼 sie　彼女 es　それ	sie　彼ら、彼女ら、それら

●人称代名詞の格変化

<単数>	3格(「〜に」に相当することが多い)	4格(「〜を」に相当することが多い)
1人称(私)	mir	mich
2人称 (あなた・君〔親称〕) (あなた〔敬称〕)	dir Ihnen	dich Sie
3人称 (彼) (彼女) (それ)	ihm ihr ihm	ihn sie es

<複数>	3格(「〜に」に相当することが多い)	4格(「〜を」に相当することが多い)
1人称(私たち)	uns	uns
2人称 (あなたたち・君たち) (あなたたち〔敬称〕)	euch Ihnen	euch Sie
3人称 (彼ら) (彼女ら) (それら)	ihnen	sie

●再帰代名詞

主語と同一の人・事物を表す代名詞で、3格・4格があります。
再帰代名詞と一緒に使われるのが再帰動詞です。
再帰代名詞は「互いに」という意味の相互代名詞としても使われます。

例　Wann und wo treffen wir uns?
　　(いつどこで会おうか？)

	ich	du	er / sie / es	wir	ihr	sie / Sie
3格	mir	dir	sich	uns	euch	sich
4格	mich	dich	sich	uns	euch	sich

4. 形容詞・副詞

次の3つの用法があります。
- 述語的用法： Der Mann ist **fleißig**. （その男性は勤勉だ）
- 付加語的用法：Der **fleißige** Mann ist hier.（勤勉な男性はここにいるよ）
- 副詞的用法： Der Mann arbeitet **fleißig**.（その男性は一生懸命働く）

形容詞が付加語的に用いられる場合には語尾変化をし、その形は次の2つのタイプに分かれます。

①**形容詞の強変化**：形容詞（赤字は格シグナル）＋名詞
不定冠詞ein＋形容詞＋名詞

	男性	女性	中性	複数
1格	-e**r**	-**e**	-e**s**	-**e**
2格	-en(e**s**)	-e**r**	-en	-e**r**
3格	-e**m**	-e**r**	-e**m**	-e**n**
4格	-e**n**	-**e**	-e**s**	-**e**

②**形容詞の弱変化**：定冠詞（類）＋形容詞＋名詞
ein以外の不定冠詞＋形容詞＋名詞

	男性	女性	中性	複数
1格	-e	-e	-e	-en
2格	-en	-en	-en	-en
3格	-en	-en	-en	-en
4格	-en	-e	-e	-en

▢ のところに –n が付きます。

> ☆ 冠詞類が格シグナルを表す時には、形容詞は弱変化し、冠詞類が格シグナルを表さない時には、形容詞がその役割を受け持って格シグナルを表すため、強変化します。

●主な形容詞

groß	大きい、背が高い	gut	良い
klein	小さい	schlecht	悪い
lang	長い	teuer	高い
kurz	短い	billig	安い
schwer	重い、難しい	alt	古い、年を取った
leicht	軽い、簡単な	jung	若い
hoch	高い	neu	新しい

5. 疑問詞

was	何	wann	いつ
wer	誰	wo	どこ
wie	どのくらい	woher	どこから
warum	なぜ、どうして	wohin	どこへ

6. 主な接続詞

①**並列接続詞**：主文と主文を結ぶ。

und	そして
sondern	〜ではなく
oder	あるいは
denn	というのは
aber	しかし、でも

Tipp！ それぞれの接続詞の頭文字をとって上から読むと、**usoda「うそだ！」**と覚えれば簡単！

②**接続詞的副詞**：主文の後に置かれ、副詞の後には動詞が来る。

also		trotzdem	〜にもかかわらず
deshalb	〜だから	außerdem	その上、さらに
daher		dann	それから
nämlich	つまり、というのは	dagegen	それに対して
und zwar	詳しく言うと		

③**従属接続詞**：主文と副文を結ぶ。副文では動詞は一番最後。

dass	英語のthatに相当。	wenn	～する時、したら
ob	～かどうか	als	～した時
weil	～だから	seitdem	～以来
damit	～するように	bis	～まで
	～できるように	bevor	～するより前に
obwohl	～にもかかわらず	nachdem	～した後で
während	～している間に	solange	～している限り

7. 主な前置詞

①3格の名詞を伴う前置詞

aus	（空間の中）から	nach	（ある土地）へ
bei	～の元で、～の場合		～の後で
gegenüber	～と向かい合って	seit	～以来
	～に対して	von	（ある点、面）から
mit	～と一緒に	zu	（ある点、面）まで

②4格の名詞を伴う前置詞

bis	～まで	gegen	～に対抗して
durch	～を通って、～によって	ohne	～なしに
für	～のために	um	～の周りに、
			～をめぐって

③位置を示すときは3格の名詞を、方向を示すときは4格の名詞を伴う前置詞

an	～の際に、そばに	über	～の上のほうに
auf	～の上に		～を超えて
hinter	～の後ろに	unter	～の下に
in	～の中に	vor	～の前に
neben	～の横に	zwischen	～と～の間に

④2格の名詞を伴う前置詞

innerhalb	～以内に
außerhalb	～より外に
statt	～の代わりに
wegen	～のせいで
trotz	～にもかかわらず

●前置詞と定冠詞の結合

am （←an+dem）	im （← in+dem）
ans （← an+das）	ins （← in+das）
aufs （←auf+das）	vom （← von+dem）
beim （← bei+dem）	zum （← zu+dem）

8. 数詞

1	eins	5	fünf	9	neun
2	zwei	6	sechs	10	zehn
3	drei	7	sieben	11	elf
4	vier	8	acht	12	zwölf

13 = 3 + 10 = drei + zehn = dreizehn

(14, 15, 18, 19も同じように作れます。)

ただし

16 sech**s**zehn = sechzehn

17 siebe**n**zehn = siebzehn

20 zwanzig

21 = 1 + 20 = eins und zwanzig = ein**und**zwanzig

（続けて書きます！）

☆ この後ずっとこのようにして作られます。

26 sechs**und**zwanzig

27 sieben**und**zwanzig

30 drei**ß**ig （zの代わりにßがつきます。）

32 zweiunddrei**ß**ig

40 vierzig　　　　　　　50 fünfzig

60 sech**s**zig = sechzig

70 siebe**n**zig = siebzig　　80 achtzig

90 neunzig

100 hundert （英語のようにhundredにならないので要注意！）

☆ 21から99までだけ、1の位と10の位の間にundが入ります。

9. 序数詞

1. ers**t**	11. elf**t**	20. zwanzig**st**
2. zwei**t**	12. zwölf**t**	21. einundzwanzig**st**
3. dri**tt**	13. dreizehn**t**	....
4. vier**t**	14. vierzehn**t**	31. einunddreißig**st**
5. fünf**t**	15. fünfzehn**t**	
6. sechs**t**	16. sechzehn**t**	
7. sieb**t**	17. siebzehn**t**	
8. ach**t**	18. achtzehn**t**	
9. neun**t**	19. neunzehn**t**	
10. zehn**t**		

☆ 19までは原則**t**が基数の後に付きます。　　☆ 20からは**st**が基数の後に付きます。

10. 動詞

ドイツ語の動詞 ── **規則動詞**（弱変化動詞）
　　　　　　　　　不規則動詞（強変化動詞＋混合変化動詞）

不定詞（原形）、過去基本形、過去分詞は「動詞の3基本形」と呼ばれ、次の3つのタイプがあります。

○ 幹母音に変化あり　　**✗ 幹母音に変化なし**

① 弱変化動詞

　　不定詞 ✗ -en　　過去基本形 ✗ -te　　過去分詞 ge- ✗ -t

例　lieb**en**（愛する）　　　lieb**te**　　　　　ge**lieb**t
　　kauf**en**（買う）　　　　kauf**te**　　　　　ge**kauf**t

注　studierenのような、外来語から生まれた-ierenで終わる動詞は、過去分詞に ge- が付きません。

　　例　studieren（大学で勉強する）　→　studiert
　　　　fotografieren（写真を撮る）　→　fotografiert

②強変化動詞

	不定詞 **✗**-en	過去基本形 **○**	過去分詞 ge-**○**-en
例	g**e**hen（行く）	g**i**ng	geg**a**ngen
	tr**i**nken（飲む）	tr**a**nk	getr**u**nken

注 過去分詞で「fahren（乗り物で行く）→ gefahren」、「lesen（読む）→ gelesen」のように幹母音が変化しない動詞もあります。

③混合変化動詞

	不定詞 **✗**-en	過去基本形 **○**-te	過去分詞 ge-**○**-t
例	k**e**nnen（経験で知っている）	k**a**nnte	gek**a**nnt
	d**e**nken（考える）	d**a**chte	ged**a**cht
	w**i**ssen（知識として知っている）	w**u**sste	gew**u**sst

時制は次の6つで、本書ではその中で最もよく使われる3つを紹介。それぞれの作り方や活用形は基本パターンを参照。

[現在形]・[現在完了形]・[過去形]・過去完了形・未来形・未来完了形

●現在形

現在進行形や確定した未来にも使われ、その他、多くの機能を持つ。現在形には、du と er / sie / es の幹母音が変化する動詞が多い。これらの3つのタイプの動詞は日常とてもよく使われるので、変化に注意！

1) **a → ä** 例 fahren（乗り物で行く）/ schlafen（眠る）/ fallen（落ちる）
2) **e → i** 例 essen（食べる）/ sprechen（話す）/ treffen（会う）
3) **e → ie** 例 sehen（見る）/ lesen（読む）

不定形	ich（私）	du（あなた・君〔親称〕）	er / sie / es（彼/彼女/それ）	wir（私たち）	ihr（あなたたち・君たち〔親称〕）	sie / Sie（彼ら/あなた―〔敬称〕）
fahren	fahr-**e**	f**ä**hr-**st**	f**ä**hr-**t**	fahr-**en**	fahr-**t**	fahr-**en**
sprechen	sprech-**e**	spr**i**ch-**st**	spr**i**ch -**t**	sprech-**en**	sprech-**t**	sprech-**en**
sehen	seh-**e**	s**ie**h-**st**	s**ie**h-**t**	seh-**en**	seh-**t**	seh-**en**

注 essen(ess-en) は語幹が**s**で終わっているので、2人称duの所には語尾**t**しか付かず、Du iss-t / Er iss-tと、2人称と3人称単数の形が同じになる。

● 現在完了形

　ほぼ現在まで影響を及ぼすので、この時制で語ると、さっきのことのように生き生きと、語りかけるように聞こえます。その理由から、口頭でのコミュニケーションでは圧倒的にこの時制が使われます。

　habenあるいはsein（基本的には２番目に置かれる）と過去分詞（最後に置かれる）を組み合わせて作られます。

　動詞seinとbleiben、および自動詞のうち、場所の移動や状態の変化を表す自動詞はseinと共に現在完了形を作り、その他の動詞、中でも他動詞はhabenと共に現在完了形を作ります。

● 過去形

　過去の出来事は、もう遠い昔に終わってしまったことのように聞こえます。この理由から、客観的に述べたい時に向いており、物語や報告書などの書き言葉に用いられます。

注　sein / haben / 話法の助動詞には、話し言葉にも圧倒的に過去形がよく用いられます。

● 分離動詞

　基幹動詞にアクセントが**ある**接頭辞が付いた複合動詞で、日常多く使われます。現在形と過去形で、接頭辞は基幹動詞から分離して文末に置かれ、枠構造を作ります。

　分離する接頭辞には、前置詞や副詞から派生したものが多い。

＜主な分離する接頭辞＞

ab-　　　an-　　　auf-　　　aus-　　bei-　　　mit-　　　nach-　　　vor-
zu-　　　ein-（inから派生）　　empor-　　　her-　　　hin-　　　statt-
zurück-　　　　　　　　　　　　　　　　　　　　　　　　　　　　　　　など

例　an/rufen　　　Ich rufe ihn an.　　　〔現在形〕
　　（電話する）　Ich rief ihn an.　　　〔過去形〕
　　　　　　　　　Ich habe ihn an**ge**rufen.　〔現在完了形〕

注　過去分詞は、分離する接頭辞（あるいはそれにあたるもの）と基幹部の間にgeを入れて作られます。

●非分離動詞

基幹動詞にアクセントが**ない**接頭辞が付いた複合動詞で、やはり日常多く使われます。この動詞では接頭辞は分離せず、常に基幹動詞の前にあります。

分離しない接頭辞（下の8つだけ）

be–　emp–　ent–　er–　ge–　miss–　ver–　zer–

例　verstehen　　　Er versteht meine Situation.　　〔現在形〕
　　（理解する）　　Er verstand meine Situation.　　〔過去形〕
　　　　　　　　　Er hat meine Situation verstanden.〔現在完了形〕

注　過去分詞にgeは付きません。

●再帰動詞

再帰動詞には次の2つのタイプがあります。

① **再帰代名詞を他の名詞に置き換えることのできる動詞。**
　例　Ich wasche mich.　　　　　（私は自分の体を洗う）
　　　Ich wasche die Wäsche.　　（私は洗濯物を洗う）

② **普通、再帰代名詞とセットで使われる動詞。**
　例　Der Zug hat sich verspätet.　（列車は遅れた）
　例　Die Gäste fühlen sich wohl.　（客は心地良く感じている）

●話法の助動詞

「できる」「しなければいけない」などのいろいろな細やかなニュアンスを与えてくれる動詞で、活用する本動詞の場所（2番目の文成分）に置かれ、本動詞は不定詞になって文末に回ります。

können	能力・可能性・軽い許可	möchten	願望
müssen	義務〔話者・書き手の意志〕	wollen	強い意志
	必然	mögen	弱い推量
dürfen	許可・禁止〔否定文で〕	sollen	義務〔第三者の意志〕

話法の助動詞はまた、それぞれ異なった推量の度合いも表します。主観的な推量を表すのはmüssen、dürften（dürfenの接続法Ⅱの形）、können、mögenで、左が一番推量の度合いが強く、右に行くほど弱くなります。それらに対してsollenは、天気予報など第三者から聞いたことを伝えます。

11. 接続法

　接続法は次の２つのケースによく用いられ、コミュニケーションに不可欠！

① **現在または過去の事実に反することを前提とし、それによる結論を表す場合。非現実の内容や願望を述べる場合。**

> 例　Wenn ich Zeit hätte, käme ich zu dir.
> 　　（時間があったら、君の所に来るのになあ）
> 　　Wenn ich Zeit gehabt hätte, wäre ich zu dir gekommen.
> 　　（〔あの時〕時間があったら、君の所に来たんだけれど）
> 　　Ich hätte beinahe die teure Tasche gekauft.
> 　　（私はもう少しでその高いバッグを買ってしまうところだった）

② **物事を婉曲的、外交的にやわらかく伝えたい時。丁寧にお願いしたい時にも便利です。**

> 例　Ich würde Ihnen Folgendes vorschlagen.
> 　　（私はあなたに次のことを提案したいと思います）
> 　　Würden / Könnten Sie bitte das Fenster zumachen?
> 　　（恐れ入りますが、窓を閉めていただけますか？）

　接続法Ⅱはもともと過去形にeとウムラウトを付けて作られ、いくつかの強変化動詞には、その独自の変化形がよく使われます（パターン39の表参照）。それ以外の強変化動詞、弱変化や混合変化の動詞は普通würdenを助動詞とし、動詞は不定詞の形で文末に置いて組み合わせて使われるので簡単です。

Teil I

これだけは!!
絶対覚えたい
重要パターン 21

II

1 これは／この方は〜です

Das ist 〜

基本フレーズ ♪

Das ist meine Telefonnummer.
ダス イストゥ マイネ テレフォンヌマー

これが私の電話番号です。

こんなときに使おう！
誰かに連絡先を伝える時に…

『Das ist 〜』は「これは〜です」と、ものを紹介するだけでなく、「この方は〜です」と人の紹介にも使われます。

例　Das ist Herr Beethoven.
　　こちらがベートーヴェンさん〔男性〕です。

　　Das ist Frau Schumann.　こちらがシューマンさん〔女性〕です。
〜には名詞または形容詞が入ります。

注　meineというのはichの所有冠詞で、不定冠詞と同じように、次に来る名詞の性によって語尾が変化します。主格では、男性名詞・中性名詞ではmein、女性名詞ではmeineとなります。

●基本パターン●

Das ＋ ist ＋ 名詞の単数・形容詞 ．

Das ＋ sind ＋ 名詞の複数 ．

※sein動詞（ist, sind...）の現在形の人称変化はパターン2参照。

名詞が単数の場合には『Das ist ～』、複数の場合には『Das sind ～』となります。

> 例　Das ist ein Tisch.　　これは机です。〔机が一つ〕
> 　　Das sind Tische.　　これらは机です。〔机がいくつかある〕
> 　　Das ist mein Vater.　（この人が）私の父です。
> 　　Das sind mein Vater und meine Mutter.
> 　　　　　　　　　（この人たちが）私の父と母です。

基本パターンで言ってみよう！　　　　　CD-1

Das ist ein Geschenk.
（ダス イストゥ アイン ゲシェンク）

これはプレゼントよ。

Das ist eine bekannte Bäckerei.
（ダス イストゥ アイネ ベカンテ ベッケライ）

これが有名なパン屋さんです。

> ワンポイント　(e)『Bäckerei』パン屋
> ※(r)は男性、(e)は女性、(s)は中性名詞を表す。

Das ist unglaublich!
（ダス イストゥ ウングラウブリッヒ）

信じられない！

Das ist mein Freund.
（ダス イストゥ マイン フロイントゥ）

こちらが私のボーイフレンド（彼氏）です。

> ワンポイント　「ガールフレンド」の場合はDas ist meine Freundin.となる。

Das sind meine Bücher.
（ダス ジントゥ マイネ ビューヒャー）

それらは私の本〔複数〕です。

Das sind mein Großvater und meine Großmutter.
（ダス ジントゥ マイン グロースファーター ウントゥ マイネ グロースムター）

（この人たちが）私のおじいちゃんとおばあちゃんです。

応 用

●否定パターン●

●名詞の前に定冠詞や所有冠詞が付いていない時には、ドイツ語では、名詞を打ち消して否定形が作られます。その場合に、単数では男性名詞・中性名詞の前に否定冠詞kein、女性名詞の前にkeineを付けます。複数ではいつもkeineを付けます。所有冠詞もこの活用に準じます。

Das + ist + kein / keine + 名詞の単数 .

Das + sind + keine + 名詞の複数 .

ダス イストゥ アイン ティッシュ
Das ist ein Tisch.
（これは机です）

ダス イストゥ カイン ティッシュ
→ Das ist kein Tisch.
（これは机ではありません）

ダス イストゥ アイネ ベッケライ
Das ist eine Bäckerei.
（これはパン屋さんです）

ダス イストゥ カイネ ベッケライ
→ Das ist keine Bäckerei.
（これはパン屋さんではありません）

ダス ジントゥ ティッシェ
Das sind Tische.
（これらは机です）

ダス ジントゥ カイネ ティッシェ
→ Das sind keine Tische.
（これらは机ではありません）

●名詞の前に定冠詞や所有冠詞が付いている時、また形容詞の前ではnichtを付けて否定します。

ダス イストゥ マイネ イーメイル アドゥレッセ
Das ist meine E-mail-Adresse.
（これが私のEメールアドレスです）

ダス イストゥ ニヒトゥ マイネ イーメイル アドゥレッセ
→ Das ist nicht meine E-Mail-Adresse.
（これは私のEメールアドレスではありません）

ダス イストゥ シェーン
Das ist schön!
（いいね！／よかった！）

ダス イストゥ ニヒトゥ シェーン
→ Das ist nicht schön.
（よくないね）

これは／この方は〜です／Das ist 〜

● 疑問パターン ●

dasとsein動詞の順序を逆にして、最後に『?』を付けるだけ！

$$\text{Ist} + \text{das} + \text{名詞の単数・形容詞} \ ?$$

$$\text{Sind} + \text{das} + \text{名詞の複数} \ ?$$

イストゥ ダス アイン ティッシュ
Ist das ein Tisch? （これは机ですか？）

答え方　Ja, das ist ein Tisch.
（ええ、これは机ですよ）

Nein, das ist kein Tisch.
（いえ、これは机じゃありませんよ）

応用パターンで言ってみよう！　　CD-1

ダス イストゥ カイン　　レストラン
Das ist kein Restaurant.
これはレストランではありません。

ダス ジントゥ カイネ　　インテレサンテン　　フィルメ
Das sind keine interessanten Filme.
これらはおもしろい映画ではありません。

ダス イストゥ ニヒトゥ リヒティッヒ
Das ist nicht richtig!
それは正しくないよ！

イストゥ ダス　アイネ　ベカンテ　ベッケライ
Ist das eine bekannte Bäckerei?
これが有名なパン屋さんですか？

ジントゥ ダス　ダイネ　エルターン
Sind das deine Eltern?
（この人たちが）あなたのご両親ですか？

2 私は〜です

Ich bin 〜

基本フレーズ

イッヒ ビン フュンフウントゥドゥライシッヒ ヤーレ アルトゥ
Ich bin fünfunddreißig Jahre alt.
私は35歳です。

こんなときに使おう！
自分の年齢を述べる時に…

sein動詞は、『A sein B』という構造を取り、「A＝B（AはBである）」という関係を表現します。Bは主語の年齢や状態、また主語が何であるかを表します。

例　Ich bin krank.　　　　　（私は病気です）
　　Ich bin Deutschlehrerin.（私はドイツ語教師です）
　　　　　　　　　　　　　　（パターン3参照）

●基本パターン●

主語 ＋ seinの活用形 ＋ 数 ＋ （Jahre alt）．〔主語の年齢〕

主語 ＋ seinの活用形 ＋ 形容詞．　　　　　〔主語の状態〕

主語 ＋ seinの活用形 ＋ 名詞(主格〈1格〉)．〔主語と述語の名詞が同一〕

seinの現在形の人称変化

英語のbe動詞にあたるseinは、とても不規則に活用します。

ich (私)	du (あなた・君 〔親称〕)	er / sie / es (彼／彼女／それ)	wir (私たち)	ihr (あなたたち・ 君たち)	sie / Sie (彼ら／ あなた〔敬称〕)
bin	bist	ist	sind	seid	sind

基本パターンで言ってみよう!　　CD-2

イッヒ　ビン　　ヤパーナリン
Ich bin Japanerin.

私は日本人です。

注　国籍を表す時には冠詞をつけません。

ディー　アウトマルケ　イストゥ ゼア　ベカントゥ
Die Automarke ist sehr bekannt.

その車のブランドはとても有名です。

ワンポイント　(e)『Marke』ブランド

ディー　フラウ　アウフ　デム　フォート イストゥ　マイネ　シュヴェスター
Die Frau auf dem Foto ist meine Schwester.

その写真の女性は私の妹です。

デア　シュテュデントゥ イストゥ ホイテ　ノッホ　ノインツェーン エアストゥ モルゲン イストゥ エア ツヴァンツィッヒ
Der Student ist heute noch neunzehn. Erst morgen ist er zwanzig.

その学生は今日はまだ19歳ですが、ようやく明日20歳になります。

ワンポイント　『noch』なお、まだ　　『erst』ようやく、やっと

応 用

●否定パターン●

ここでは年齢、状態などを表す述語の前にnichtを置いて否定形が作られます。

主語 + seinの活用形 + **nicht** + 述語 .

イッヒ ビン ニヒトゥ フュンフウントゥドゥライシッヒ ヤーレ アルトゥ
Ich bin nicht fünfunddreißig Jahre alt.
（私は35歳ではありません）

注　述語が名詞になっている場合、固有名詞や定冠詞が付いている時は nicht で打ち消されますが、不定冠詞が付いている時にはkein(e) で打ち消されます。（パターン1参照）

エア イストゥ アイン フライシガー シュテュデントゥ　　　エア イストゥ カイン フライシガー シュテュデントゥ
Er ist ein fleißiger Student. → **Er ist kein fleißiger Student.**
（彼は勉強熱心な学生です）　　　（彼は勉強熱心な学生ではありません）

●疑問パターン●

主語と動詞seinの順序を逆にして、最後に『?』を付けるだけ！

seinの活用形 + 主語 + 述語 ?

イストゥ ダイン ブルーダー ツヴァンツィッヒ
Ist dein Bruder zwanzig? （あなたのお兄さんは20歳ですか？）

答え方　Ja, er ist zwanzig. （はい、兄は20歳です）

ビストゥ ドゥー レーラリン
Bist du Lehrerin? （あなたは教師をしてるの？）

答え方　Nein, ich bin Ärztin. （いいえ、私は女医なの）

私は〜です／Ich bin 〜

I これだけは!! 絶対覚えたい重要パターン21

　基本フレーズに対する質問「何歳ですか？」という疑問文は、この疑問パターンの前に『wie』という疑問詞を付けて、『Wie alt + seinの活用形 + 主語？』という形でたずねます。

Wie alt ist dein Bruder?
ヴィー　アルトゥイストゥ　ダイン　ブルーダー

（あなたのお兄さんは何歳ですか？）

> 答え方　Er ist zwanzig.
> 　　　　（兄は20歳です）

😊 応用パターンで言ってみよう！　CD-2

Meine Heimatstadt ist nicht groß.
マイネ　ハイマートゥシュタットゥイストゥ　ニヒトゥ　グロース

私の故郷（生まれ育った町）は大きな町ではありません。

Das ist nicht mein Lebensziel.
ダス　イストゥ　ニヒトゥ　マイン　レーベンスツィール

それは私の人生の目標ではありません。

> ワンポイント　(s)『Leben』人生　　(s)『Ziel』目標

Ist die Tasche teuer?
イストゥ ディー　タッシェ　トイヤー

そのバッグは高いですか？

> 答え方　Nein, sie ist nicht teuer. Sie ist preisgünstig.
> 　　　　いいえ、高くありません。お買い得ですよ。

Bist du sechzehn ?
ビストゥ ドゥー　ゼヒツェーン

あなたは16歳？

> 答え方　Nein, ich bin nicht sechzehn. Ich bin schon siebzehn.
> 　　　　違うよ、16歳じゃないよ。僕もう17歳だよ。
>
> > ワンポイント　『schon』もう、すでに

31

3 私は〜の仕事をしています

Ich bin 〜 (von Beruf)

基本フレーズ

Ich bin Deutschlehrerin (von Beruf).
イッヒ ビン　ドイチュレーラリン　　フォン ベルーフ
私はドイツ語の先生です。

こんなときに使おう！
自分の職業を述べる時に…

ワンポイント　Lehrerは「（男性の）先生」。「女性の先生」はLehrerin、「英語の先生」はEnglischlehrer、「数学の先生」は Mathematiklehrer。

　ここでもsein動詞によって、『A sein B』という構造が取られ、「A＝B（AはBである）」と表現されています。大切な点は、von Berufという、その後に続く表現から読み取られるように、「私は職業という観点から見て〜という人間です」という意味で、日本のように、どこで勤めているということよりも、それぞれの職業に対する意識と誇りがとても高いのです。

　職業を表す時に、男性形と女性形は異なった形を取り、ほとんどの場合、女性には語末にinが付けられます。男性と女性が混ざった時には普通、男性形の複数が使われます。

※いろいろな職業については「これも知っておこう！」(p69) を参照

基本パターン

| 主語 | ＋ | seinの活用形 | ＋ | 職業を表す名詞 | （ ＋ | von Beruf | ）．

注　職業の前に冠詞は付けません。

基本パターンで言ってみよう! CD-3

Ichiro Suzuki ist Baseballspieler.
_{イチロー スズキ イストゥ ベースボールシュピーラー}

イチローは野球選手です。

> **ワンポイント**　「野球」は英語のままBaseballが使われる。

Ludwig van Beethoven ist Komponist.
_{ルートゥヴィッヒ ファン ベートーベン イストゥ コンポニストゥ}

ルートヴィッヒ・ファン・ベートーヴェンは作曲家です。

Marie und Pierre Curie sind Physiker.
_{マリー ウントゥ ピエール キュリー ジントゥ フュジカー}

マリー・キュリーとピエール・キュリー夫妻は物理学者です。

Marie Curie ist auch Chemikerin.
_{マリー キュリー イストゥ アオホ ヒェミカリン}

マリー・キュリーはまた化学者でもあります。

Robert Schumann ist Pianist, und Clara Schumann ist Pianistin.
_{ローベルトゥ シューマン イストゥ ピアニストゥ ウントゥ クララ シューマン イストゥ ピアニスティン}

ローベルト・シューマンもクララ・シューマンもピアニストです。

これも知っておこう!

他に、男性と女性で形がまったく変わる職業もあります。

Du bist Hausfrau, und Michael ist Hausmann.
_{ドゥー ビストゥ ハウスフラウ ウントゥ ミヒャエル イストゥ ハウスマン}

あなたは主婦で、ミヒャエルは主夫です。

※これらもドイツでは立派な職業と見なされます。

Julia ist Krankenschwester, und Wolfgang ist Krankenpfleger.
_{ユーリア イストゥ クランケンシュヴェスター ウントゥ ヴォルフガング イストゥ クランケンプフレーガー}

ユリアは看護婦で、ヴォルフガンクは看護士です。

> **注**　日本でも従来の「看護婦」およびその後に生まれた「看護士」という職業名が2002年に廃止されて「看護師」という名称に男女共統一されたように、ドイツでもGesundheits-und Krankenpflegerという統一された名称が最近は使われる傾向があります。

応用

●否定パターン●

職業を表す名詞の前にkein(e) を置いて否定形を作ります。（パターン1参照）

主語 ＋ seinの活用形 ＋ kein(e) ＋ 職業を表す名詞 （ ＋ von Beruf ）.

イッヒ ビン カイネ エルツティン
Ich bin keine Ärztin.（私は女医ではありません）

ワンポイント 「男性の医者」はArzt。女性形はaがウムラウト化して、語尾にinが付く。

ドゥー ビストゥ カイン シュテュデントゥ ゾンデルン ノッホ シューラー
Du bist kein Student, sondern noch Schüler.
（あなたは大学生じゃなくて、まだ高校生よ）

注　ドイツ語では、Student / Studentin は大学生のみに使われ、高校生まではSchüler / Schülerin という表現が使われます。

●疑問パターン●

主語と動詞seinの順序を逆にして、最後に『?』を付けるだけ！

seinの活用形 ＋ 主語 ＋ 職業を表す名詞 ?

ジントゥ クララ ウントゥ ローベルトゥ シューマン ゼンガー
Sind Clara und Robert Schumann Sänger?
（クララ・シューマンとローベルト・シューマンは歌手ですか？）

答え方　Nein, sie sind keine Sänger. Sie sind beide Komponisten und Pianisten. （いいえ、彼らは歌手ではありません。2人とも作曲家でありピアニストです）

私は〜の仕事をしています／Ich bin 〜 (von Beruf)

😃 応用パターンで言ってみよう！　　CD-3

Der Mann ist kein Rechtsanwalt.
デア　マン　イストゥ　カイン　レヒツアンヴァルトゥ

その男性は弁護士ではありません。

> **ワンポイント**　Anwalt（プロの代弁者）の女性形は、aがウムラウト化して Anwältin。

Mein Vater ist kein Beamter, sondern Angestellter.
マイン　ファーター　イストゥ　カイン　ベアムター　ゾンデルン　アンゲシュテルター

私の父は公務員ではなく、サラリーマンです。

> **ワンポイント**　Beamterの女性形は、erがinに変わってBeamtin。
> Angestellterでは、erがeに変わってAngestellte。

Seid ihr beide Schauspieler?　あなたたち2人とも俳優なの？
ザイトゥ　イヤ　バイデ　シャウシュピーラー

> **答え方**　Nein, meine Schwester ist Sängerin.
> 違うよ、妹は歌手だよ。

⚠ これも知っておこう！

「職業は何ですか？」という質問は、最初に疑問詞wasを置き、動詞seinと主語の順序を逆にして、最後に『？』を付けるだけ。

> Was ＋ seinの活用形 ＋ 主語 ＋ von Beruf ？

注　決して日本語のようにWas ist Ihr Beruf?とたずねないようにしましょう。基本フレーズに対する問いはWas sind Sie von Beruf?

Was ist Albert Einstein von Beruf?
ヴァス　イストゥ　アルベルトゥ・アインシュタイン　フォン　ベルーフ

アルベルト・アインシュタインの職業は何ですか？

> **答え方**　Er ist Physiker.　物理学者です。

4 私の名前は〜です

Ich heiße 〜

基本フレーズ

Ich heiße Ludwig Beethoven.
イッヒ ハイセ ルートゥヴィッヒ ベートーベン

僕の名前はルートヴィッヒ・ベートーベンです。

こんなときに使おう！
人の名前や、ものの名前を紹介する時に…

heißenは「〜は…という名前である」という意味の動詞で、名前を述べる時に一番よく使われる表現です。また、ほとんど英語のMy name is 〜と変わらない『Mein Name ist 〜』という表現もあります。これは、どちらかというと少しあらたまった感じがします。

注 ßはsとzの筆記体が融合してできたドイツ語特有の文字で、それぞれのアルファベットをくっ付けて「エス・ツェット」と呼ばれます。発音は無声のsと全く同じ音です。

基本パターン

主語 ＋ heißenの活用形 ＋ 名前 .

Mein Name ist ＋ 名前 .

注 Ich bin Ludwig. というsein動詞を使った表現もありますが、これは非常に口語的な表現で、「僕がルートヴィッヒだよ」というニュアンスを持ちます。

heißenの現在形の人称変化

ich (私)	du (あなた・君 〔親称〕)	er / sie / es (彼/彼女／それ)	wir (私たち)	ihr (あなたたち・ 君たち)	sie / Sie (彼ら／ あなた〔敬称〕)
heiß-**e**	heiß-**t**	heiß-**t**	heiß-**en**	heiß-**t**	heiß-**en**

注 heißenは規則的に活用しますが、ßにsの音が含まれているため、通常語尾に st が付くduのところで s が取れて t だけ付きます。

基本パターンで言ってみよう！　CD-4

イッヒ　ハイセ　キミコ
Ich heiße Kimiko.

私は喜美子と申します。

マイン　マン　ハイストゥ　カズユキ　　ヴィア　ハイセン　アルゾー　キミコ　ウントゥ　カズユキ
Mein Mann heißt Kazuyuki. Wir heißen also Kimiko und Kazuyuki.

私の夫は一之といいます。なので、私たちは喜美子と一之といいます。

ウンザー　　ファミーリエンナーメ　イストゥ　ヤマキ
Unser Familienname ist Yamaki.

私たちの苗字は山木です。

ディー シュトゥラーセ ハイストゥ　　パッペルアレー
Die Straße heißt Pappelallee.

その通りの名前はパッペルアレーです。

これも知っておこう！

　Mann「男の人」には「夫」という意味もあります。同じようにFrau「女の人」は「妻」も意味します。「苗字」はFamilienname、または、後のほうに置かれる名前という意味でNachname、「ファーストネーム」は前の方に置かれる名前でVornameです。

応用

●否定パターン●

ここでは名前の前にnichtを置いて否定形が作られます。

Mein Name ist ＋ nicht ＋ 名前 .

主語 ＋ heißenの活用形 ＋ nicht ＋ 名前 .

マイン　ナーメ　イストゥ ニヒトゥ　　ヤマダ
Mein Name ist nicht Yamada.（私の名前は山田ではありません）

イッヒ　ハイセ　ニヒトゥ　　ハナコ
Ich heiße nicht Hanako.　　（私の名前は花子ではありません）

●疑問パターン●

主語と動詞sein（およびheißen）の順序を逆にして、最後に『?』を付けるだけ！

注　主語およびそれに連動した所有冠詞の形によく気をつけましょう！

Ist ＋ Ihr(所有冠詞) ＋ Name ＋ 名前 ?

heißenの活用形 ＋ 主語 ＋ 名前 ?

イストゥ イヤ　ナーメ　　ベートーベン
Ist Ihr Name Beethoven?（あなたの名前はベートーヴェンですか？）

　答え方　Ja, mein Name ist Beethoven.
　　　　（はい、私はベートーヴェンと申します）

ハイストゥ ドゥー ハインツ
Heißt du Heinz?（君はハインツっていう名前なの？）

　答え方　Nein, ich heiße nicht Heinz. Ich heiße Jan.
　　　　（いや、僕の名前はハインツじゃないよ。ヤンだよ）

「お名前は何ですか？」とたずねたい時には、英語と違って、最初に置かれる疑問詞はwasではなくwieですから、よく気を付けてくださいね。

Wie heißt du? （あなたの名前は何ていうの？）
ヴィー ハイストゥ ドゥー

Wie ist Ihr Name? （あなたは何というお名前ですか？）
ヴィー イストゥ イヤ ナーメ

応用パターンで言ってみよう!　　CD-4

Das Café heißt nicht Laumer.
ダス カフェ ハイストゥ ニヒトゥ ラウマー

そのカフェの名前はラウマーではありません。

Sein Name ist nicht Schubert.
ザイン ナーメ イストゥ ニヒトゥ シューベルトゥ

彼の名前はシューベルトではありません。

Die Stadt heißt nicht Freiburg, sondern Freiberg.
ディー シュタットゥ ハイストゥ ニヒトゥ フライブルク ゾンデルン フライベルク

その街はフライブルクという名前ではなく、フライベルクといいます。

Wie heißt das Musikstück?
ヴィー ハイストゥ ダス ムジークシュテュック

その音楽作品は何といいますか？

⚠️ これも知っておこう!

　動詞seinの他、この課で登場するheißen、またwerden（〜になる）、bleiben（〜にとどまる、〜のまま変わらずにいる）も、主語と動詞の後の名詞が同一のものであることを表す代表的な動詞です。

●基本パターン●

主語 ＋ heißenの活用形 ＋ 名詞（主格〈1格〉）．

主語 ＋ werden / bleibenの活用形 ＋ 形容詞、名詞（主格〈1格〉）．

werdenの現在形の人称変化

ich (私)	du (あなた・君 〔親称〕)	er / sie / es (彼／彼女／それ)	wir (私たち)	ihr (あなたたち・ 君たち)	sie / Sie (彼ら／ あなた〔敬称〕)
werd-e	wir-st	wir-d	werd-en	werd-et	werd-en

注　動詞werdenはduとer/sie/esのところでアクセントのある母音eがiに変化します。またer/sie/esのところで語尾tがdに変化します。

bleibenの現在形の人称変化

ich (私)	du (あなた・君 〔親称〕)	er / sie / es (彼／彼女／それ)	wir (私たち)	ihr (あなたたち・ 君たち)	sie / Sie (彼ら／ あなた〔敬称〕)
bleib-e	bleib-st	bleib-t	bleib-en	bleib-t	bleib-en

> 例

Das Musikstück heißt „Eine kleine Nachtmusik".
_{ダス ムジークシュテュック ハイストゥ アイネ クライネ ナハトゥムジーク}

その音楽作品は「アイネ・クライネ・ナハトムジーク」と呼ばれます。

Der Student wird morgen zwanzig.
_{デア シュテュデントゥ ヴィルトゥ モルゲン ツヴァンツィッヒ}

その学生は明日20歳になります。

Ich bin Deutschlehrerin geworden.
_{イッヒ ビン ドイチュレーラリン ゲヴォルデン}

私はドイツ語の教師になりました。

> **ワンポイント**　「sein動詞の活用形＋geworden」はwerdenの現在完了形。
> （パターン11参照）

Wir bleiben immer gute Freunde.
_{ヴィア ブライベン イマー グーテ フロインデ}

私たちはずっと良い友達でいましょう。

Das Ehepaar ist immer jung geblieben.
_{ダス エーエパア イストゥ イマー ユンク ゲブリーベン}

その夫婦はいつまでも若々しかった。

> **ワンポイント**　「sein動詞の活用形＋geblieben」はbleibenの現在完了形。
> （パターン11参照）

Morgen wird es schön.
_{モルゲン ヴィルトゥエス シェーン}

明日は良いお天気になるでしょう。

> **ワンポイント**　天気を表す表現には多くの場合esが主語に使われる。例えば『Es regnet.』は「雨が降る」という意味。

　ドイツ語は、動詞を中心に構造が決まる言語です。叙述文では動詞は文の要素として必ず2番目に置かれます。上の文のように副詞が一番最初に来ると、主語esは動詞よりも後に置かれます。Ja / Nein / Dochで答える疑問文では、動詞は一番最初の位置に来ます。英語のようなdoやdoesは必要ありません。

●否定パターン●

seinの時と同じように、年齢、状態や名詞を表す述語の前にnichtを置いて否定形が作られます。

主語 ＋ heißen / werden / bleibenの活用形 ＋ nicht ＋ 述語 .

モルゲン　ヴィルトゥエス　ニヒトゥ　ヴァルム
Morgen wird es nicht warm.

（明日は気温が上がりません）

イッヒ　ブライベ　ニヒトゥ　ツー　ハウゼ　　アム　ナッハミターク　ゲーエ　イッヒ　イン　ディー　シュタットゥ
Ich bleibe nicht zu Hause. Am Nachmittag gehe ich in die Stadt.

（家にはずっといないよ。午後には街に出かけるんだ）

ワンポイント 『am Nachmittag』午後に（パターン17参照）

●疑問パターン●

主語と動詞heißen / werden / bleiben の順序を逆にして、最後に『？』を付けるだけ！

動詞heißen / werden / bleibenの活用形 ＋ 主語 ＋ 述語 ?

ヴィルストゥ　ドゥー　　レーラリン
Wirst du Lehrerin?

（あなたは先生になるの？）（パターン3参照）

答え方　Nein, ich werde Ärztin.

（いいえ、私は女医さんになるわ）

ブライプトゥ　イヤ　ノッホ　ヒア
Bleibt ihr noch hier?

（君たち、まだここに残っているのかい？）

答え方　Nein, wir gehen jetzt schon nach Hause.

（いや、僕たちもう家に帰るよ）

例

ヴェルデン　ジー　　モルゲン　ツヴァイウントゥフィアツィッヒ
Werden Sie morgen zweiundvierzig?

明日42歳になられるのですか？

答え方　Nein, ich werde nicht zweiundvierzig.
　　　　Ich werde einundvierzig.
　　　　いえ、42歳ではありませんよ。41歳になります。

ブライプトゥ　ダス　　ヴェター　グートゥ
Bleibt das Wetter gut ?

良いお天気は続きますか？

答え方　Morgen bleibt es nicht sonnig.
　　　　明日、晴れは続かないでしょう。

ヴィー　ハイストゥ　ゾー　アイネ　　ゾイレ
Wie heißt so eine Säule ?

その円い柱は何というのですか？

答え方　So eine heißt Litfaßsäule.
　　　　それはリートファスゾイレと呼ばれます。
　　　　※ Litfaßsäuleについてはコラム②（p111）を参照

5 私は〜を持っています／(時間・熱など)があります

Ich habe 〜

基本フレーズ

イッヒ　ハーベ　ホイテ　ツァイトゥ
Ich habe heute Zeit.
今日は時間あるよ。

こんなときに使おう！
「今日は時間ある？」と聞かれた時に…

『Ich habe 〜』は、「私は〜を持っています／（時間・熱など）があります／お腹がすいています／〜の病気にかかっています」という、かなり幅広くいろいろな状況に使える、とても便利な表現です。

　　Sie hat eine gute Idee.　　　　（彼女に良い考えがあるって）
　　Er hat Fieber.　　　　　　　　（彼は熱を出しています）
　　Ihr habt Hunger, nicht wahr?　（君たち、お腹すいているんだろう？）

ワンポイント　『nicht wahr?』は「〜でしょう？」と確認する時に。

●基本パターン●

主語 ＋ habenの活用形 ＋ 名詞（対格〈4格〉）．

habenの現在形の人称変化

ich (私)	du (あなた・君 〔親称〕)	er / sie / es (彼／彼女／それ)	wir (私たち)	ihr (あなたたち・ 君たち)	sie / Sie (彼ら／ あなた〔敬称〕)
hab-e	hast	hat	hab-en	hab-t	hab-en

注　duとer/sie/esのところで、語幹の最後の –bが取れます。

基本パターンで言ってみよう！　　　　　　　　　　CD-5

Ich habe eine Schwester.
イッヒ　ハーベ　アイネ　シュヴェスター

私には妹が1人います。

> **ワンポイント** (e) Schwesterは「姉」「妹」のどちらにも、(r) Bruderは「兄」「弟」のどちらにも使われる。形容詞を付けて区別する。

Ich habe Zahnschmerzen.
イッヒ　ハーベ　ツァーンシュメルツェン

私は歯が痛いです。

> **ワンポイント** Zahnschmerzenは、(r) Zahn（歯）と(Pl) Schmerzen（痛み）の合成語。同様に「腹痛」は(r) Bauchと組み合わされてBauchschmerzenとなる。※(Pl)は複数形であることを表す。

Meine Mutter hat jetzt eine Grippe.
マイネ　ムター　ハットゥ　イェツトゥ　アイネ　グリッペ

母は今インフルエンザにかかっています。

Mein Vater hat heute Geburtstag.
マイン　ファーター　ハットゥ　ホイテ　ゲブルツターク

今日は私の父の誕生日です。

Meine deutsche Freundin hat lange Haare.
マイネ　ドイチェ　フロインディン　ハットゥ　ランゲ　ハーレ

私のドイツ人の友達〔女性〕は長い髪をしています。

Ihr habt Glück!
イヤ　ハプトゥ　グリュック

あなたたち、ついてるよね！

Du hast einen guten Geschmack!
ドゥーハストゥ　アイネン　グーテン　ゲシュマック

あなた、趣味がいいよね！

Wir haben heute wunderschönes Wetter.
ヴィア　ハーベン　ホイテ　ヴンダーシェーネス　ヴェター

今日はすばらしいお天気です。

※これ以外にも、日常生活の中で特によく使われるhabenと組み合わせた表現についてはパターン44, 45, 47で紹介しています。

Ⅰ　これだけは!! 絶対覚えたい重要パターン21

応用

●否定パターン●

habenの後では、名詞は目的語になり、対格（4格）の形を取ります。単数では中性名詞と女性名詞の前には主格（1格）の場合と同じく、それぞれkeinおよびkeineを付けます。複数でも変わらずkeineを付けます。男性名詞の前には否定冠詞keinenが置かれるので要注意！

主語 ＋ habenの活用形 ＋ keinen / keine / kein ＋ 名詞(対格〈4格〉).

マイネ　シュヴェスター　ハットゥ　カイネン　ゾーン
Meine Schwester hat keinen Sohn. （妹には息子はいません）

マイン　マン　ハットゥ　カイネ　シュヴェスター
Mein Mann hat keine Schwester. （私の夫には姉妹がいません）

ヴィア　ハーベン　ホイテ　カイン　グーテス　ヴェター
Wir haben heute kein gutes Wetter. （今日お天気は良くありません）

イッヒ　ハーベ　カイネ　ツァーンシュメルツェン
Ich habe keine Zahnschmerzen. （私はちっとも歯が痛くありません）

●疑問パターン●

主語と動詞habenの順序を逆にして、最後に『？』を付けるだけ！

habenの活用形 ＋ 主語 ＋ 名詞(対格〈4格〉) ？

ハーベン　ジー　ツァイトゥ
Haben Sie Zeit? （お時間ありますか？）

答え方　Nein, wir haben leider keine Zeit.
（いいえ、残念ながら時間がありません）

ハストゥ　ドゥー　アイネ　グーテ　イデー
Hast du eine gute Idee? （何かいいアイデアある？）

答え方　Nein, ich habe leider keine gute Idee.
（ううん、残念ながら何もいいアイデアはないね）

私は〜を持っています／(時間・熱など)があります／Ich habe 〜

😊 応用パターンで言ってみよう!　　　　　　　CD-5

イッヒ　ハーベ　ノッホ　カイネン　ドゥルストゥ
Ich habe noch keinen Durst.

まだのど乾いてないわ。

> **ワンポイント** (r) Hunger「空腹」に対して、(r) Durstは「のどの渇き」

イヤ　ハブトゥ　カイン　グリュック
Ihr habt kein Glück!

あなたたち、ついてないよね！

ハストゥ　ドゥー　フンガー
Hast du Hunger?

お腹すいている？

> **答え方**　Nein, ich habe keinen Hunger.
> うぅん、お腹すいてないよ。

ハットゥ　イーレ　シュヴェスター　キンダー
Hat Ihre Schwester Kinder?

妹さんにはお子さんはいらっしゃるのですか？

> **ワンポイント** Ihreは敬称Sieの所有冠詞。(Pl) Kinderは息子・娘をひっくるめて「子供」という意味。

> **答え方**　Ja, sie (=meine Schwester) hat einen Sohn.
> はい、彼女には息子が1人います。

⚠️ これも知っておこう!

動詞habenと一緒にいつも否定形で使われる慣用表現もあります。

ダス　ハットゥ　カイネン　ジン　　　ダス　ハットゥ　カイネン　ツヴェック
Das hat keinen Sinn. / Das hat keinen Zweck.

そんなことをしても無駄です。

イッヒ　ハーベ　カイネ　イデー　　　イッヒ　ハーベ　カイネ　アーヌンク
Ich habe keine Idee. / Ich habe keine Ahnung.

全然わかりません。

6　〜があります（存在します）

Es gibt 〜

基本フレーズ

Es gibt hier eine bekannte Bäckerei.
エス ギブトゥ ヒア アイネ ベカンテ ベッケライ

ここには有名なパン屋さんがあります。

こんなときに使おう！
英語のThere is / are のように使いたい時に…

ワンポイント　eine bekannte Bäckereiはパターン1参照。

　ここでは、非人称のesと一緒に、元々「与える」という意味の動詞 gebenの3人称単数の活用形 gibt が使われ、その後に名詞の4格が置かれて「〜があります（存在します）」という意味を表す慣用表現になります。英語のThere is / are とほぼ同じように使えて大変便利です。しかもes gibtの後には4格の名詞であれば、単数でも複数でも使えます。

●基本パターン●

Es ＋ gibt ＋ 名詞の4格 ．

注　副詞などの別の文成分が文頭に置かれて倒置文になっても、必ずesは必要とされます。

Hier gibt es eine bekannte Bäckerei.

gebenの現在形の人称変化

ich (私)	du (あなた・君 〔親称〕)	er / sie / es (彼/彼女/それ)	wir (私たち)	ihr (あなたたち・ 君たち)	sie / Sie (彼ら／ あなた〔敬称〕)
geb-e	gib-st	gib-t	geb-en	geb-t	geb-en

注 ここでは母音eがiに変化した3人称単数の活用形gibtの形しか使われません。

基本パターンで言ってみよう！　　　　　　　　　　CD-6

エス ギブトゥ　ホイテ　アイネン テストゥ
Es gibt heute einen Test.

今日はテストをやります。

エス ギブトゥ　　ロメオ　ウントゥ ユーリア　イム　テアーター
Es gibt „Romeo und Julia" im Theater.

劇場の出し物は「ロミオとジュリエット」です。

イン ディーザー シュタットゥ ギブトゥ エス　ヌア　アイネ　バンク
In dieser Stadt gibt es nur eine Bank.

この街には銀行が1つしかありません。

イン　ドイチュラントゥ　　ギブトゥ エス　ツー アーベントゥ　カルテス　　エッセン
In Deutschland gibt es zu Abend kaltes Essen.

ドイツでは晩ご飯に、火を使わないカルテス・エッセンをいただきます。

※ kaltes Essenについてはコラム⑥（p221）を参照

これも知っておこう！

ドイツ語は、叙述文では必ず動詞が2番目の文成分となります。ドイツ語は動詞を中心に置いて、文が展開して行きます。（パターン4参照）

例　　イッヒ　ハーベ　ホイテ　フィーバー
　　Ich habe heute Fieber.

　　　　ホイテ　　ハーベ イッヒ フィーバー
　　→ **Heute habe ich Fieber.**

応用

●否定パターン●

Es gibtの後の4格の名詞の前にkein(e / en) を置いて否定形を作ります。(パターン5参照)

Es + gibt + kein(e / en) + 名詞の4格 .

エス ギブトゥ ホイテ カイネン テストゥ
Es gibt heute keinen Test.
(今日はテストはやりません)

イン ディーゼム レストラン ギブトゥ エス カイネン グーテン ヴァイン
In diesem Restaurant gibt es keinen guten Wein.
(このレストランではおいしいワインは飲めない)

●疑問パターン●

Esとgibtの順序を逆にして、最後に『?』を付けるだけ!

Gibt + es + 名詞の4格 ?

ギブトゥ エス ツー アーベントゥ アイネ カルトッフェルズッペ
Gibt es zu Abend eine Kartoffelsuppe?
(今日の晩ご飯にポテトスープが出てくるのかい?)

ギブトゥ エス イン ディーザー シュタットゥ アイネン エレクトゥロラーデン
Gibt es in dieser Stadt einen Elektroladen?
(この街に電気屋さんはありますか?)

> **ワンポイント** (r)『Elektroladen』電気屋 (r)『Laden』店

答え方 Nein, leider gibt es keinen.
(いいえ、残念ながら1軒もないんです)

> **ワンポイント** keinenはkeinen Elektroladenを表す不定代名詞。

~があります（存在します）／Es gibt ~

😊 応用パターンで言ってみよう！　　　CD-6

Morgen gibt es kein schönes Wetter.
モルゲン ギプトゥ エス カイン シェーネス ヴェター

明日のお天気は良くないでしょう。

Es gibt keine guten Nachrichten.
エス ギプトゥ カイネ グーテン ナッハリヒテン

ちっとも良いニュースはありません。

Gibt es noch Wein zu Hause?
ギプトゥ エス ノッホ ヴァイン ツー ハウゼ

家にまだワインある？

　答え方　Nein, es gibt keinen Wein mehr.
　　　　　いいえ、ワインはもう残っていないよ。

Gibt es bald Regen?
ギプトゥ エス バルトゥ レーゲン

まもなく雨になるでしょうか？

⚠ これも知っておこう！

「何があるの？」とたずねたい時には、英語のwhatに相当する疑問詞**was**を使ってたずねましょう。

Was ＋ gibt ＋ es ？

　例　**Was gibt es heute Abend im Fernsehen?**
　　　ヴァス ギプトゥ エス ホイテ アーベントゥ イム フェルンゼーエン

　　　今晩テレビでは何をやるの？

　　答え方　Heute Abend gibt es einen Krimi.
　　　　　　今晩はミステリーがあるよ。

7 私は～を必要とします

Ich brauche ～

基本フレーズ

Ich brauche deine Hilfe.
イッヒ　ブラウヘ　ダイネ　ヒルフェ

君の助けが必要なんだ。

こんなときに使おう!
助けを求めたい時に…

「～が必要です」という時に、動詞brauchenに4格の目的語を付けて表現できます。また、動詞brauchenと一緒にnurなどの意味を限定する語とzu不定詞句（英語のto不定詞句に相当）を使うと、「ただ～するだけでよい」という意味になります。

例　Du brauchst es nur zu sagen.
　　（君はただその言葉を言いさえすればいいんだよ）

注　ドイツ語のzu不定詞句では、英語と違って、動詞以外の要素はすべてzuの前に置かれます。

基本パターン

主語 ＋ brauchenの活用形 ＋ 4格の目的語（名詞や代名詞の4格）

brauchenの現在形の人称変化

ich (私)	du (あなた・君〔親称〕)	er / sie / es (彼／彼女／それ)	wir (私たち)	ihr (あなたたち・君たち)	sie / Sie (彼ら／あなた〔敬称〕)
brauch-e	brauch-st	brauch-t	brauch-en	brauch-t	brauch-en

基本パターンで言ってみよう！ CD-7

<ruby>Ich<rt>イッヒ</rt></ruby> <ruby>brauche<rt>ブラウヘ</rt></ruby> <ruby>einen<rt>アイネン</rt></ruby> <ruby>neuen<rt>ノイエン</rt></ruby> <ruby>Computer<rt>コンピューター</rt></ruby>.

Ich brauche einen neuen Computer.

僕には新しいパソコンが必要だ。

<ruby>Die Arbeit<rt>ディー アルバイトゥ</rt></ruby> <ruby>braucht<rt>ブラウフトゥ</rt></ruby> <ruby>viel Kraft<rt>フィール クラフトゥ</rt></ruby>.

Die Arbeit braucht viel Kraft.

その仕事をするには、たくさんパワーを必要とします。

<ruby>Frauen<rt>フラウエン</rt></ruby> <ruby>brauchen<rt>ブラウヘン</rt></ruby> <ruby>immer<rt>イマー</rt></ruby> <ruby>viel Zeit<rt>フィール ツァイトゥ</rt></ruby>.

Frauen brauchen immer viel Zeit.

女性は何をするにもたくさんの時間を必要とするの。

<ruby>Dich<rt>ディッヒ</rt></ruby> <ruby>brauchen<rt>ブラウヘン</rt></ruby> <ruby>wir<rt>ヴィア</rt></ruby> <ruby>gerade<rt>ゲラーデ</rt></ruby> <ruby>jetzt<rt>イェッツトゥ</rt></ruby>.

Dich brauchen wir gerade jetzt.

君がまさに今、必要なんだよ。

ワンポイント Wir brauchen dich gerade.の倒置文。

<ruby>Du<rt>ドゥー</rt></ruby> <ruby>brauchst<rt>ブラウフストゥ</rt></ruby> <ruby>Ruhe<rt>ルーエ</rt></ruby>. <ruby>Du<rt>ドゥー</rt></ruby> <ruby>siehst<rt>ジーストゥ</rt></ruby> <ruby>müde<rt>ミューデ</rt></ruby> <ruby>aus<rt>アウス</rt></ruby>.

Du brauchst Ruhe. Du siehst müde aus.

あなた、ちょっと休まなくちゃ。疲れた顔をしているよ。

ワンポイント aussehen（〜のように見える）が分離して使われている。

<ruby>Alle<rt>アレ</rt></ruby> <ruby>Menschen<rt>メンシェン</rt></ruby> <ruby>brauchen<rt>ブラウヘン</rt></ruby> <ruby>nette<rt>ネッテ</rt></ruby> <ruby>Worte<rt>ヴォルテ</rt></ruby>.

Alle Menschen brauchen nette Worte.

人間誰しも優しい言葉は必要です。

<ruby>Du<rt>ドゥー</rt></ruby> <ruby>brauchst<rt>ブラウフストゥ</rt></ruby> <ruby>nur<rt>ヌア</rt></ruby> <ruby>auf<rt>アウフ</rt></ruby> <ruby>den<rt>デン</rt></ruby> <ruby>Knopf<rt>クノプフ</rt></ruby> <ruby>zu<rt>ツー</rt></ruby> <ruby>drücken<rt>ドゥリュッケン</rt></ruby>.

Du brauchst nur auf den Knopf zu drücken.

ただ、そのボタンさえ押せばいいんだよ。

ワンポイント (r)『Knopf』ボタン　『drücken』押す

Ⅰ これだけは!! 絶対覚えたい重要パターン21

応 用

●否定パターン●

動詞brauchenの後の4格の名詞の前にkein(e / en) を置いて否定形を作ります。（パターン5参照）

主語 ＋ brauchenの活用形 ＋ kein(e / en) ＋ 4格の目的語 ．

Ich brauche keinen neuen Computer.
イッヒ　ブラウヘ　カイネン　ノイエン　コンピューター
（私には新しいパソコンは必要ないわ）

名詞の前にvielなどの形容詞や副詞が付く時には、vielはnichtで打ち消されます。

Das Elektrogerät braucht nicht viel Strom.
ダス　エレクトロゲレートゥ　ブラウフトゥ　ニヒトゥ　フィール　シュトゥローム
（この電気器具はあまり電力を必要としません）

動詞brauchenの後に zu不定詞句が付き、すぐその前にnichtなどの否定語が置かれると、「〜する必要がない」という意味になります。

Ich brauche morgen nicht zu arbeiten.
イッヒ　ブラウヘ　モルゲン　ニヒトゥ　ツー　アルバイテン
（明日は仕事お休みなの）←（私は明日は働く必要がない）

●疑問パターン●

主語と動詞brauchenの順序を逆にして、最後に『?』を付けるだけ！

brauchenの活用形 ＋ 主語 ＋ 4格の目的語 ？

私は〜を必要とします／Ich brauche 〜

Brauchen Sie etwas?（何かお入用ですか？）
<small>ブラウヘン　ジー　エトゥヴァス</small>

答え方　Ja, ich brauche einen Stift.
（ええ、ペンを貸していただけたらありがたいです）

Nein, danke. Ich brauche nichts.
（いえ、大丈夫です。ありがとう）

Braucht die Aufgabe viel Zeit?
<small>ブラウフトゥ　ディー　アウフガーベ　フィール　ツァイトゥ</small>
（その課題は多くの時間を必要としますか？）

答え方　Nein, sie braucht nicht viel Zeit.
（いえ、そんなに時間はかかりませんよ）

ワンポイント　sieは女性名詞であるdie Aufgabe（課題）を示す人称代名詞。

応用パターンで言ってみよう！　　CD-7

Du brauchst das nicht zu wissen.
<small>ドゥー　ブラウフストゥ　ダス　ニヒトゥ　ツー　ヴィッセン</small>
あなたはそんなことを知らなくてもいいの。

Brauche ich für den Blog viele Fotos?
<small>ブラウヘ　イッヒ　フュア　デン　ブログ　フィーレ　フォートス</small>
そのブログにたくさん写真は必要ですか？

答え方　Nein, Sie brauchen nicht viele Fotos.
いいえ、そんなにたくさん要りませんよ。

ワンポイント　Fotosは数えられる名詞なので、その前に付く形容詞vielは語尾変化してvieleとなる。

Was brauchen wir noch?
<small>ヴァス　ブラウヘン　ヴィア　ノッホ</small>
まだ何が必要かな？

答え方　Wir brauchen noch Wein.　あと足りないのはワインね。

Brauchst du Hilfe ?
<ruby>Brauchst<rt>ブラウフストゥ</rt></ruby> <ruby>du<rt>ドゥー</rt></ruby> <ruby>Hilfe<rt>ヒルフェ</rt></ruby>

何か手伝おうか？

答え方 Danke. Kannst du den Tisch decken?
ありがとう。じゃあ、テーブルのセッティングをしてもらえる？

> **ワンポイント** 『Kannst du ～?』は話法の助動詞könnenの疑問形（パターン16参照）。『den Tisch decken』は本来、「テーブルを覆う」という意味で、いつも「テーブルのセッティングをする」という意味で使われる。

答え方 Nein, danke. Alles in Ordnung.
ありがとう。でも助けは要らないわ。大丈夫よ。

> **ワンポイント** Alles in Ordnung.は「すべて上手く行っている」という意味の慣用句。

❗ ひとことメモ

「ありがとう！」は、ドイツ語では『Danke.』と言います。ここの『Nein, danke.』は、何かをすすめられた時に「いいえ、結構です」と断る時に使われますが、注意しなければいけないのは、何かをすすめられて、ただ『Danke.』と言ったのでは、相手は『Nein, danke.』の意味に理解してしまいます。すすめられたものが欲しければ、必ず『Ja, gern!』とか『Ja, bitte!』と言いましょう。

※Danke. に関してはパターン24でも紹介しています。

コラム ①

"Bitte" の表現

"Bitte" は、次の5つの異なった意味を表します。

1 「どういたしまして」という意味のBitte。（パターン24参照）
2 お願いをする時に使うBitte。人に何かを頼むとき、Bitteを付けると丁寧な感じになります。Bitteを文の最初か最後に置くと簡単ですが、うまく文中に入れることができれば、とても自然に聞こえます。また、少し強めに『Bitte（ビッテ）〜！』と言えば、「ぜひお願い（します）〜！」というニュアンスになります。
3 「どうぞ」の意味のBitte。人に物を渡す時や、人をどこかの部屋に案内する時、席を譲る時などに『Bitte schön.』または『Bitte.』と言います。
4 パン屋さん、肉屋さん、八百屋さんなどで、「ご注文は何になさいますか？」という意味で、お店の人が『Bitte schön.』または『Bitte.』と言います。
5 「えっ？」と聞き返す時に使うBitte。相手の言ったことが聞き取れなかった時や驚いた時に『Wie bitte?』または『Bitte?』と、語尾を上げて聞き返します。

8 ～と思います

Ich glaube, ～

基本フレーズ

Ich glaube, ich bin erkältet.
イッヒ グラウベ イッヒ ビン エアケルテットゥ
私、風邪をひいたみたい。

こんなときに使おう！
「元気ないね。どうしたの？」と聞かれて…

そうだと思うけれど確信がない時に、動詞glaubenを使って表現できます。

基本パターン

主語 ＋ glaubenの活用形 , 主文 .

主語 ＋ glaubenの活用形 , dass ＋ 副文 .

注 『dass＋副文』は、英語のthat構文に相当します。主文では動詞が2番目の文成分となります（パターン4、6参照）。接続詞dassの後には主文ではなく、副文が用いられます。副文では、基本的に活用する動詞は2番目ではなく、一番最後に置かれます。

glaubenの現在形の人称変化

ich (私)	du (あなた・君 〔親称〕)	er / sie / es (彼／彼女／それ)	wir (私たち)	ihr (あなたたち・ 君たち)	sie / Sie (彼ら／ あなた〔敬称〕)
glaub-e	glaub-st	glaub-t	glaub-en	glaub-t	glaub-en

基本パターンで言ってみよう！　　　　　　　　CD-8

<ruby>イッヒ</ruby> <ruby>グラウベ</ruby> <ruby>デア</ruby> <ruby>ヴェーク</ruby> <ruby>イストゥ</ruby> <ruby>リヒティッヒ</ruby>
Ich glaube, der Weg ist richtig.

この道が正しいと思う。

イッヒ　グラウベ　ドゥー　ハストゥ　レヒトゥ
Ich glaube, du hast recht.

君のほうが正しいんだろう。

ワンポイント 『recht haben』その人（の主張）が正しい

イッヒ　グラウベ　ホイテ　イストゥ　デア　エルフテ　メルツ
Ich glaube, heute ist der 11. März.

今日は3月11日じゃないかな。

ワンポイント ドイツ語では日にちのほうが月よりも先に置かれる。日にちには英語と同様に序数が使われる。

イッヒ　グラウベ　ダス　エア　モルゲン　コムトゥ
Ich glaube, dass er morgen kommt.

彼は明日来ると思います。

ヴィア　グラウベン　ディー　ベッケライ　イストゥ　ショーン　ツー
Wir glauben, die Bäckerei ist schon zu.

パン屋さんはもう閉まっていると思うよ。

ワンポイント 『schon』すでに、もう
　　　　　　『zu sein』閉まっている。geschlossen seinも同じ意味で使われる。

ドゥーグラウプストゥ　ダス　エス　モルゲン　レーグネットゥ　エス　レーグネットゥ　アーバー
Du glaubst, dass es morgen regnet. Es regnet aber

ベシュティムトゥ　ニヒトゥ
bestimmt nicht.

あなた、明日雨が降ると思っているのね。でも、きっと雨降らないわよ。

ワンポイント 『bestimmt』きっと

応用

●否定パターン●

動詞glaubenの活用形の後に『nicht』を付けるだけ！

主語 ＋ glaubenの活用形 ＋ nicht , dass ＋ 副文 .

イッヒ グラウベ ニヒトゥ ダス ジー モルゲン コムトゥ
Ich glaube nicht, dass sie morgen kommt.

（彼女が明日来るとは思えないわ）

ヴィア グラウベン ニヒトゥ ダス エア レヒトゥ ハットゥ
Wir glauben nicht, dass er recht hat.

（彼が正しいとは僕たちは思わないよ）

●疑問パターン●

主語と動詞glaubenの順序を逆にして、最後に『?』を付けるだけ！

glaubenの活用形 ＋ 主語 , dass ＋ 副文 ?

グラウプストゥ ドゥー ダス ディー ベッケライ ショーン アウフ イストゥ
Glaubst du, dass die Bäckerei schon auf ist?

（パン屋さんはもう開いていると思う？）

答え方　Ich glaube, ja.

　　　　（開いていると思うよ）

> ワンポイント　jaは肯定で、die Bäckerei ist schon aufという内容を指す。

60

~と思います／Ich glaube, ~

Glaubst du, dass er morgen kommt?
（グラウブストゥ ドゥー ダス エア モルゲン コムトゥ）
（彼は明日来ると思う？）

> 答え方　Ich glaube, nein. / Ich glaube nicht.
> （来ないんじゃないかな）
>
> > ワンポイント　neinは否定で、er kommt nicht morgenという内容を指す。

応用パターンで言ってみよう！　CD-8

Ich glaube nicht, dass der Weg richtig ist.
（イッヒ グラウベ ニヒトゥ ダス デア ヴェーク リヒティッヒ イストゥ）
この道が正しいとは思えないけれど。

Ich glaube nicht, dass reiche Leute immer glücklich sind.
（イッヒ グラウベ ニヒトゥ ダス ライヒェ ロイテ イマー グリュックリッヒ ジントゥ）
私は、金持ちがいつも幸せだとは思いません。

> ワンポイント　『reich』金持ちの

Glauben Sie, dass die Aufgabe viel Zeit braucht?
（グラウベン ジー ダス ディー アウフガーベ フィール ツァイトゥ ブラウフトゥ）
その課題は多くの時間を必要とすると思われますか？

> 答え方　Nein, ich glaube, sie braucht nicht viel Zeit.
> いえ、そんなに時間はかからないでしょう。
>
> > ワンポイント　パターン7の否定パターンの文を参照。

Glauben die Leute wohl, dass wir verheiratet sind?
（グラウベン ディ ロイテ ヴォール ダス ヴィアフェアハイラーテットゥジントゥ）
もしかしたらみんな、僕たちが結婚していると思ってるのかな？

> ワンポイント　『verheiratet sein』結婚している

Ⅰ　これだけは‼　絶対覚えたい重要パターン21

9 〜はいいですね

Es ist schön, dass 〜

基本フレーズ

Es ist schön, dass du da bist.
エス イストゥ シェーン　ダス ドゥー ダ ビストゥ
よく来てくれたね。

こんなときに使おう！
友達を招待した時に…

ワンポイント　da bistは元々「そこにいる」という意味で、ここではdaは「私の所」を表す。

　「〜はいいですね」と述べたい時に『Es ist schön, dass 〜』という表現が使えます。この主語esはdass に続く副文の内容を表します。接続詞dassに続く文では事実が述べられます。この表現はどちらかというと「誰が見てもいいですね」という時に使われ、口語では、dass の前のes ist はよく省略されます。

　それに対して、比較的その主語の個人的な見解を述べたい時に使われるのが『Ich finde es schön, dass 〜』という表現です。ここのesは、「〜と思う」という意味で使われる動詞findenの目的語で、同じようにdass に続く副文の内容を表します。この表現を使って『Ich finde es schön, dass du da bist.』と個人的なコメントを言うこともできます。

●基本パターン●

Es ist schön ， dass ＋ 副文 ．

主語 ＋ findenの活用形 ＋ es ＋ schön ， dass ＋ 副文 ．

finden の現在形の人称変化

ich (私)	du (あなた・君〔親称〕)	er / sie / es (彼/彼女/それ)	wir (私たち)	ihr (あなたたち・君たち)	sie / Sie (彼ら/あなた〔敬称〕)
find-**e**	find-**est**	find-**et**	find-**en**	find-**et**	find-**en**

基本パターンで言ってみよう! CD-9

エス イストゥ シェーン　ダス　ドゥー バイ ミア ビストゥ
Es ist schön, dass du bei mir bist.

あなたが私のそばにいてくれてうれしいわ。

エス イストゥ シェーン　ダス　イッヒ　モルゲン　アウスシュラーフェン　カン
Es ist schön, dass ich morgen ausschlafen kann.

明日ぐっすり眠ることができるのはうれしいね。

ワンポイント　『aus/schlafen』は「ぐっすり眠る」という意味の分離動詞。『kann』はkönnen（〜することができる）の活用形。（パターン12参照）

シェーン　ダス　エス　イーネン　ヴィーダー グートゥゲートゥ
Schön, dass es Ihnen wieder gut geht.

お元気になられて良かったですね。

シェーン　ダス　ヴィア ウンス　ケネンゲレルントゥ　ハーベン
Schön, dass wir uns kennengelernt haben.

お知り合いになれてうれしいです。

ワンポイント　『kennengelernt』は「〜と知り合いになる」という意味の分離動詞kennenlernen の過去分詞。（パターン11参照）

イッヒ フィンデ エス シェーン　ダス　ドゥー　イマー　ラハストゥ
Ich finde es schön, dass du immer lachst.

君がいつも笑ってくれるのはうれしいよ。

ヴィア フィンデン エス シェーン　ダス　ジー　ナッハ ヤーパン　コメン
Wir finden es schön, dass Sie nach Japan kommen.

あなたが日本に来られるなんてすばらしいです。

応 用

●否定パターン●

形容詞schönの前に『nicht』を付けるだけ！

Es ist + nicht + schön , dass + 副文 .

主語 + findenの活用形 + es + nicht + schön , dass + 副文 .

エス イストゥ ニヒトゥ シェーン　ダス　マン　ホイテ ファストゥ アレス ミットゥ ゲルトゥ カウフェン　カン
Es ist nicht schön, dass man heute fast alles mit Geld kaufen kann.
（今日ほとんど全てのものをお金で買えるのはよくないことだね）

> ワンポイント 『fast alles』ほとんど全てのもの　(s)『Geld』お金

イッヒ フィンデ エス ニヒトゥ　シェーン　ダス イヤ　オイヒ　イマー　シュトゥライテットゥ
Ich finde es nicht schön, dass ihr euch immer streitet.
（君たちがいつもけんかするのはよくないね）

> ワンポイント 『streiten』けんかする

●疑問パターン●

主語esと動詞seinの順序を逆にして、最後に『?』を付けるだけ！
または、主語と動詞findenの順序を逆にして、最後に『?』を付けるだけ！

Ist es schön , dass + 副文 ?

findenの活用形 + 主語 + es + schön , dass + 副文 ?

~はいいですね／Es ist schön, dass ~

Und, ist es schön, dass dein Mann immer zu Hause ist?
（それで、旦那さんがいつも家にいるってすてきなこと？）

答え方　Ja, es ist schön, aber vielleicht nicht immer.
（ええ、すてきなことよ。でも、いつもそうではないかも）

Findet ihr es schön, dass ihr euch immer streitet?
（君たちはいつもけんかしているけれど、いいと思うかい？）

答え方　Nein, wir finden es nicht schön.
（ううん、よくないと思う）

応用パターンで言ってみよう!　　CD-9

Es ist nicht schön, dass es schon drei Tage regnet.
もう3日間も雨が降り続いているのは嫌ですね。

ワンポイント　『Es regnet.』雨が降る（esが主語）

Es ist nicht schön, dass ich am Wochenende arbeiten muss.
週末に仕事しなければいけないのは辛いね。

ワンポイント　『muss』はmüssen（〜しなければならない）の活用形。
（パターン13参照）

Ich finde es nicht schön, dass du nicht auf die Reise mitkommst.
君が旅行に一緒に来ないなんてつまらないな。

Findest du es schön, dass du immer weniger Arbeit hast?
だんだん仕事が少なくなっているけれど、それでいいと思う？

10 私は〜します

Ich ＋ 動詞（直説法現在形）

基本フレーズ

イッヒ ゲーエ ホイテ インス キーノ
Ich gehe heute ins Kino.
今日、映画を観に行きます。

こんなときに使おう！
今日の予定を語る時に…

ドイツ語では、動詞の現在形は様々な意味で幅広く使われます。

① 現在しようとする行為　　Ich gehe ins Bett.
　　　　　　　　　　　　　（私、寝るわね）
② 現在進行している行為　　Ich lerne gerade Deutsch.
　　　　　　　　　　　　　（ちょうど今ドイツ語を勉強しています）
③ 確定している未来（予定）Ich fliege nächstes Jahr nach Deutschland.
　　　　　　　　　　　　　（来年ドイツに行きます）
④ 普遍的な真理　Das Wasser kocht bei 100℃.
　　　　　　　　（水は100度で沸騰する）
⑤ 習慣　　　　　Jeden Morgen gehe ich mit dem Hund spazieren.
　　　　　　　　（毎朝、犬を連れて散歩に行きます）
⑥ 歴史的現在　　Kolumbus entdeckt 1492 den amerikanischen Kontinent.
　　　　　　　　（コロンブスは1492年にアメリカ大陸を発見する）
　　　　　　　　Der Zweite Weltkrieg endet 1945.
　　　　　　　　（第2次世界大戦は1945年に終結する）〔歴史的現在〕
⑦ 文学の技巧としての場面的現在（過去に起こった一場面を取り出し、現在形で述べて生き生きとした印象を与える方法）

● 基本パターン ●

主語 ＋ 動詞（直説法現在形）＋ （動詞が必要とすれば）目的語など ．

〔直説法現在形の例〕gehen（行く）の現在形の人称変化

ich （私）	du （あなた・君 〔親称〕）	er / sie / es （彼／彼女／それ）	wir （私たち）	ihr （あなたたち・ 君たち）	sie / Sie （彼ら／ あなた〔敬称〕）
geh-**e**	geh-**st**	geh-**t**	geh-**en**	geh-**t**	geh-**en**

注　この現在形の語尾は「エー・スト・テン・テン」（t とenが合わさってテンとなります）と暗記すれば簡単！
　　er / sie / esとihrの活用語尾は、両方とも –t
　　wirとsie / Sieの活用語尾は、両方とも –en

基本パターンで言ってみよう！　　　　　　　　　　CD-10

イッヒ ルーフェ ディッヒ グライヒ アン
Ich rufe dich gleich an.

すぐ（あなたに）電話するわ。

ワンポイント　『an/rufen』「～に電話する」という意味の分離動詞。4格の目的語を取るので要注意！

イッヒ シュピーレ ゲルン テニス
Ich spiele gern Tennis.

私はテニスをするのが好き。（私の趣味はテニスなの。）

ワンポイント　このように動詞のすぐ後に gern を置いて、趣味を表すことができる。

Ⅰ これだけは!! 絶対覚えたい重要パターン21

Er arbeitet heute bis fünf Uhr.
<ruby>エア アルバイテットゥ ホイテ ビス フュンフ ウーア</ruby>

彼は今日5時まで仕事してるよ。

> **ワンポイント** arbeit-en は語幹が t で終わるので、語尾 t の前に e が入り arbeit-et となる。

Die Lehrerin erklärt gerade die Grammatik.
<ruby>ディー レーラリン エアクレアトゥ ゲラーデ ディ グラマティック</ruby>

先生はちょうど文法を説明しているところです。

Morgen besuchen wir unsere Eltern.
<ruby>モルゲン ベズーヘン ヴィア ウンゼレ エルターン</ruby>

明日、私たちは両親を訪ねます。

Die Erde dreht sich um die Sonne.
<ruby>ディー エルデ ドゥレートゥ ジッヒ ウム ディ ゾネ</ruby>

地球は太陽の周りを回る。

> **ワンポイント** 『sich drehen』は再帰代名詞 sich が付いて「回る」という意味。

Mein Sohn heißt Kentaro und wohnt in Australien.
<ruby>マイン ゾーン ハイストゥ ケンタロ ウントゥヴォーントゥ インアウストゥラーリエン</ruby>

息子は健太郎といい、オーストラリアに住んでいます。

Mein Mann und ich treiben regelmäßig Sport.
<ruby>マイン マン ウントゥイッヒ トゥライベン レーゲルメーシッヒ シュポルトゥ</ruby>

夫と私は定期的にスポーツをしています。

> **ワンポイント** 『Sport treiben』「スポーツをする」という意味の慣用句。

私は〜します／Ich＋動詞（直説法現在形）

❗これも知っておこう！ ——いろいろな職業

男性形
Architekt（建築家）
Ingenieur（エンジニア）
Programmierer（プログラマー）
Richter（裁判官）
Rechtsanwalt（弁護士）
Staatsanwalt（検事）
Fahrer（運転手）
Reiseleiter（添乗員）
Flugbegleiter（客室乗務員）
Kellner（ウエイター）
Verkäufer（店員・販売員）
Bäcker（パン屋）
Metzger（肉屋）
Gemüsehändler（八百屋）
Buchhändler（本屋）
Dirigent（指揮者）
Regisseur（映画監督）
Kunstmaler（画家）
Tänzer（ダンサー）
Fußballspieler（サッカー選手）
Friseur（美容師）
Kindererzieher（幼稚園の先生）
Autor（著者）
Schriftsteller（作家）
Redakteur（編集者）
Dolmetscher（通訳者）
Übersetzer（翻訳者）
Landwirt（農家）
Rentner（年金生活者）

女性形
Architektin
Ingenieurin
Programmiererin
Richterin
Rechtsanwältin
Staatsanwältin
Fahrerin
Reiseleiterin
Flugbegleiterin
Kellnerin
Verkäuferin
Bäckerin
Metzgerin
Gemüsehändlerin
Buchhändlerin
Dirigentin
Regisseurin
Kunstmalerin
Tänzerin
Fußballspielerin
Friseurin
Kindererzieherin
Autorin
Schriftstellerin
Redakteurin
Dolmetscherin
Übersetzerin
Landwirtin
Rentnerin

※Ingenieur/inは元々フランス語で、エンジニアの「ニ」にアクセントを置いて発音すれば大体OKでしょう。

応 用

●否定パターン●

基本的には、文の最後に『nicht』を付けるだけ！
動詞が分離する時は、最後に来る接頭辞の前にnichtを置きます。

主語 ＋ 動詞（直説法現在） ＋ （動詞が必要とすれば） 目的語など ＋ **nicht** ．

注 その他、場合によってはnichtの位置がずれたり、不特定の名詞を打ち消して否定形を作る時にはkeinが付きます（パターン1参照）。nichtの位置がずれる代表的な例がsein / werden / bleiben / heißen が使われている時。nichtはこれらの動詞のすぐ後に置かれます。（パターン4参照）

イッヒ リーベ ディッヒ ニヒトゥ
Ich liebe dich nicht. （あなたを愛してなんかいないわ）

イッヒ ルーフェ ディッヒ ホイテ ニヒトゥ アン
Ich rufe dich heute nicht an. （今日は君に電話しないよ）

ヴィア ブライベン ニヒトゥ メア フロインデ
Wir bleiben nicht mehr Freunde.
（僕たちはもう友達ではいられないよ）

マイン ブルーダー フェアトゥ ニヒトゥ アウト エア フェアトゥ イマー ラートゥ
Mein Bruder fährt nicht Auto. Er fährt immer Rad.
（私の兄(弟)は車に乗らないよ。彼はいつも自転車に乗っているんだ）

ワンポイント 『Auto fahren』車に乗る、車で走る 『Rad fahren』自転車に乗る
これらは熟語的に分離動詞のように使われているので、AutoまたRadの前に冠詞が付かない。

私は～します／Ich+動詞（直説法現在形）

●疑問パターン●

主語と動詞（直説法現在）の順序を逆にして、最後に『?』を付けるだけ！

動詞(直説法現在) ＋ 主語 ＋ その他の文の要素 ?

シュピールストゥ ドゥー クラヴィア
Spielst du Klavier? （君はピアノを弾くの（弾けるの）？）

答え方　Ja etwas ; ich lerne seit fünf Jahren Klavier.
（うん、まあね。ピアノを習い始めて5年になるよ）

> ワンポイント　seitは現在完了形とではなく、普通は現在形と一緒に用いられる。（パターン60参照）

応用パターンで言ってみよう!　CD-10

イッヒ　ケネ　デン　マン　ニヒトゥ
Ich kenne den Mann nicht.

私はあの男性を知りません。

イッヒ　ブライベ　ホイテ　ニヒトゥ　ツー　ハウゼ
Ich bleibe heute nicht zu Hause.

今日は家にいないよ。

マイネ　フロインディン　シュプリヒトゥ　ノッホ　ニヒトゥ　グートゥ　ドイチュ
Meine Freundin spricht noch nicht gut Deutsch.

友達〔女性〕はまだドイツ語が上手に話せないの。

マイン　フロイントゥ　アルバイテットゥ　ホイテ　ニヒトゥ　エアハットゥ　ホイテ　フライ
Mein Freund arbeitet heute nicht. Er hat heute frei.

友達〔男性〕は今日仕事してないんだ。今日仕事休みなんだよ。

> ワンポイント　『frei/haben』（仕事、学校などが）休みである

フェアストゥドゥーミットゥ　デム　ツーク　ナッハ　ミュンヒェン　オーダーミットゥ　デム　アウト
Fährst du mit dem Zug nach München oder mit dem Auto?

列車でミュンヘンに行くの、それとも自動車で行くの？

レルンストゥ ドゥー　ショーン　ランゲ　ドイチュ
Lernst du schon lange Deutsch?

君はもう長くドイツ語を習っているのかい？

11 私は〜しました

Ich bin / habe 〜 動詞の過去分詞

基本フレーズ

イッヒ ビン　ゲスタン　インス キーノ　ゲガンゲン
Ich bin gestern ins Kino **gegangen**.
昨日、映画を観に行きました。

こんなときに使おう！
昨日の予定を語る時に…

　ドイツ語では、過去の出来事を語る時に、英語と違って直説法現在完了形が一番よく使われます。それは、この時制ではその行為がほぼ現在までまだ効力を持つので、語られた内容がいきいきと聞こえるからです。ですから、会話文や、全体の流れを伝える報道文では圧倒的に現在完了形が使われ、客観性が重んじられる物語や報告書などでは過去形が用いられます。ただし、sein、haben、Modalverben（話法の助動詞）では過去形がよく使われます。

●基本パターン●

● 直説法過去

主語 ＋ 動詞（直説法過去形） ＋ （動詞が必要とすれば）目的語など ．

● 直説法現在完了

主語 ＋ ＊助動詞sein または haben（sein または habenの直説法現在形）

＋ （動詞が必要とすれば）目的語など ＋ 動詞の過去分詞 ．

> **注** 動詞seinとbleiben、および自動詞のうち、場所の移動や状態の変化を表す自動詞はseinと共に現在完了形を作り、その他の動詞、中でも他動詞はhabenと共に現在完了形を作ります。

基本パターンで言ってみよう！　　　CD-11

イッヒ　ハーベ　ディッヒ　ゲスタン　アーベントゥ　アンゲルーフェン　ドゥヴァルストゥ アーバー
Ich habe dich gestern Abend angerufen. Du warst aber
ニヒトゥ　ツー　ハウゼ
nicht zu Hause.

昨晩、君に電話したんだけれど、家にいなかったね。

> **ワンポイント**　『Abend』夕方、晩（注『Nacht』は「寝ている時間」）
> 『zu Hause sein』在宅している

デア　シェフ イストゥ ゲスタン　ナッハ　パリース　ゲフローゲン
Der Chef ist gestern nach Paris geflogen.

上司は昨日、飛行機でパリに行きました。

イヤ　ブルーダー　ハットゥアハトゥ　ヤーレ シュテュディヤトゥ
Ihr Bruder hat acht Jahre studiert.

彼女のお兄さんは8年間も大学で勉強した。

> **ワンポイント**　『studieren』は大学での勉学にのみ使われる。-ieren が後に付く動詞は外来語から来たものが多く、過去分詞にge が付かない。

ヴィア　ハーベン　ビス フォア ツェーン　ヤーレン　イン　ドイチュラントゥ　ゲヴォーントゥ
Wir haben bis vor zehn Jahren in Deutschland gewohnt.

私たちは10年前までドイツに住んでいました。

> **ワンポイント**　『bis』〜まで　『vor』〜前に

フォア アイナー　ヴォッヘ　ヴァー マイン　マン　エアケルテットゥウントゥ ハッテ　フィーバー
Vor einer Woche war mein Mann erkältet und hatte Fieber.

1週間前、夫は風邪をひいて熱があったの。

> **ワンポイント**　『erkältet sein』風邪をひいている

エア　コンテ　ノッホ ディ　バーン　ネーメン
Er konnte noch die Bahn nehmen.

彼はその電車にまだ間に合って乗ることができた。

> **ワンポイント**　『konnte』はkönnenの過去形。『die Bahn』電車、列車

応 用

● 否定パターン●

過去形では、現在形と同じように、基本的には文の最後に『nicht』を付けるだけ！

動詞が分離する時は、最後に来る接頭辞の前にnichtを置きます。

注 その他、場合によってはnichtの位置がずれたり、不特定の名詞を打ち消して否定形を作る時にはkeinが付きます（パターン1参照）。現在完了形の場合は基本的に、最後に来る過去分詞の前にnichtを置きます。

● 直説法過去

主語 ＋ 動詞(直説法過去形) ＋ （動詞が必要とすれば） 目的語など ＋ nicht .

● 直説法現在完了

主語 ＋ 助動詞sein または haben (sein または habenの直説法現在形)

＋ （動詞が必要とすれば） 目的語など ＋ nicht ＋ 動詞の過去分詞 .

イッヒ ハーベ ディッヒ ニヒトゥ ゲリープトゥ
Ich habe dich nicht geliebt. （あなたなんか愛してなかったわ）

イッヒ リーフ ディッヒ ゲスタン ニヒトゥ アン
Ich rief dich gestern nicht an. （昨日は君に電話しなかったよ）

エアイストゥ ホイテ ニヒトゥ ゲコメン
Er ist heute nicht gekommen. （彼、今日は来なかったよ）

ダス ヴァー ニヒトゥ マイン ライゼツィール
Das war nicht mein Reiseziel.

（そこが旅行の目的地じゃなかったんだ）

ワンポイント (e)『Reise』旅行　(s)『Ziel』目標

私は〜しました／Ich bin / habe 〜 動詞の過去分詞

● 疑問パターン ●

主語と動詞（あるいは助動詞）の順序を逆にして、最後に『?』を付けるだけ！

● 直説法過去

動詞(直説法過去形) ＋ 主語 ＋ （動詞が必要とすれば）目的語など ?

● 直説法現在完了

助動詞sein または haben（sein または habenの直説法現在形） ＋ 主語 ＋ （動詞が必要とすれば）目的語など ＋ 動詞の過去分詞 ?

ハッテストゥ イヤ　バイデ　ホーエス　フィーバー
Hattet ihr Beide hohes Fieber?

（君たち2人とも高熱があったのかい？）

答え方　Nein, nur ich hatte hohes Fieber.
（違うよ、高い熱があったのは僕だけさ）

ハストゥ ドゥーフリューアー クラヴィア　ゲシュピールトゥ
Hast du früher Klavier gespielt?

（君は以前ピアノを弾いてたの？）

答え方　Ja, ich habe früher jeden Tag Klavier gespielt.
（うん、以前は毎日ピアノを弾いていたさ）

ワンポイント 『früher』以前

応用パターンで言ってみよう！ CD-11

Waren Sie schon in Deutschland?
ヴァーレン ジー ショーン イン ドイチュラントゥ

ドイツに行かれたことありますか？

> 答え方　Nein, wir waren noch nicht dort.
> いいえ、まだないです。

Hast du schon eingekauft?
ハストゥ ドゥー ショーン アインゲカウフトゥ

もう買い物をすませたの？

> 答え方　Nein, ich bin noch nicht einkaufen gegangen.
> ううん、まだ買い物に行ってないの。

Habt ihr gestern lange gefeiert?
ハプトゥ イヤ ゲスタン ランゲ ゲファイエルトゥ

昨日、長い間パーティーをしてたの？

> 答え方　Nein, wir sind nicht mehr lange bei unseren Freunden geblieben.
> いいや、友達のところにはもうそんなに長くいなかったよ。

これも知っておこう！

現在形と同じように、多くの場合、いろいろな疑問詞を頭に置いてたずねることができます。

● 直説法過去

疑問詞 ＋ 動詞（直説法過去形） ＋ 主語 ＋ その他の文の要素 ？

私は〜しました／Ich bin / habe 〜 動詞の過去分詞

● 直説法現在完了

疑問詞 ＋ sein または haben の直説法現在形 ＋ 主語 ＋ その他の文の要素 ＋ 動詞の過去分詞 ？

Wo warst du denn gestern Abend?
昨日の晩、どこにいたの？

> ワンポイント 『wo』「どこ？」を意味する疑問詞。（パターン18参照）

Wohin seid ihr im letzten Sommer gefahren?
この前の夏、あなたたちはどこに行ったの？

> ワンポイント 『wohin』「どこへ？」を意味する疑問詞。（パターン18参照）

Worüber hat der Lehrer vorhin gesprochen?
先生はさっき何について話をされていたのですか？

> ワンポイント 『worüber (＝über ＋ was)』「何について？」を意味する疑問詞。

Wann bist du heute Morgen aufgestanden?
今朝はいつ起床したの？

> ワンポイント auf/stehen は、横に寝かせていた体を縦にするという状態の変化を表すので、seinと一緒に現在完了形が作られる。同様に状態の変化を表すauf/wachen（目を覚ます）やein/schlafen（眠り込む）もseinと一緒に現在完了形が作られる。

Was hast du zum Frühstück gegessen und getrunken?
朝ご飯に何を食べたの？ 飲み物は？

> ワンポイント 『zum Frühstück』朝ご飯に

●過去基本形

規則動詞	不規則動詞	
弱変化動詞	強変化動詞	混合変化動詞
動詞の語幹に基本語尾-teを付ける。	動詞の語幹に基本語尾-teが付かず、多くの場合、アクセントのある母音が変化する。	動詞の語幹に基本語尾-teを付け、アクセントのある母音が原則aに変化する。
現在形 → 過去形 kauf-en → kauf-te lern-en → lern-te lieb-en → lieb-te spiel-en → spiel-te	現在形 → 過去形 trinken → trank sein → war gehen → ging fliegen → flog	現在形 → 過去形 renn-en → rann-te hab-en → hat-te kenn-en → kann-te bring-en → brach-te

＜動詞の過去形の人称変化＞

弱変化kaufen「買う」（上）、強変化trinken「飲む」（中）、混合変化rennen「走る」（下）

ich (私)	du (あなた・君 〔親称〕)	er / sie / es (彼／彼女／それ)	wir (私たち)	ihr (あなたたち・ 君たち)	sie / Sie (彼ら／ あなた〔敬称〕)
kauf-te	kauf-test	kauf-te	kauf-ten	kauf-tet	kauf-ten
trank-X	trank-st	trank-X	trank-en	trank-t	trank-en
rann-te	rann-test	rann-te	rann-ten	rann-tet	rann-ten

●過去分詞形

規則動詞	不規則動詞	
弱変化動詞	強変化動詞	混合変化動詞
動詞の語幹の前にge-、語尾-tを付ける。	動詞の語幹の前にge-、語尾-enを付け、多くの場合、アクセントのある母音が変化する。	動詞の語幹の前にge-、語尾-tを付け、アクセントのある母音が原則aに変化する。
現在形 → 過去分詞形 kauf-en → ge-kauf-t lern-en → ge-lern-t lieb-en → ge-lieb-t spiel-en → ge-spiel-t	現在形 → 過去分詞形 trinken → ge-trunk-en sein → ge-wes-en gehen → ge-gang-en fliegen → ge-flog-en	現在形 → 過去分詞形 renn-en → ge-rann-t hab-en → ge-hab-t kenn-en → ge-kann-t bring-en → ge-brach-t

私は～しました／Ich bin / habe ～ 動詞の過去分詞

日常よく使われる不規則動詞の変化表

● 強変化動詞

現在形	過去形	過去分詞
beginnen（始まる、始める）	begann	begonnen
bekommen（手に入れる）	bekam	bekommen
essen（食べる）	aß	gegessen
fahren（乗り物で行く）	fuhr	gefahren
finden（見つける）	fand	gefunden
geben（与える）	gab	gegeben
gehen（行く）	ging	gegangen
helfen（助ける）	half	geholfen
kommen（来る）	kam	gekommen
lassen（～させる）	ließ	gelassen
nehmen（手に取る）	nahm	genommen
schwimmen（泳ぐ）	schwamm	geschwommen
sehen（見る）	sah	gesehen
sein（～である）	war	gewesen
singen（歌う）	sang	gesungen
sprechen（話す）	sprach	gesprochen
trinken（飲む）	trank	getrunken
tun（する）	tat	getan
verstehen（理解する）	verstand	verstanden

● 混合変化動詞

現在形	過去形	過去分詞
bringen（持って来る（行く））	brachte	gebracht
denken（考える）	dachte	gedacht
haben（持つ）	hatte	gehabt
kennen（体験して知っている）	kannte	gekannt
werden（～になる）	wurde	geworden
wissen（知識として知っている）	wusste	gewusst

注 分離動詞の過去分詞は、分離する接頭辞（あるいはそれにあたるもの）と基幹部の間にgeを入れて作られます。

an/rufen（電話をかける）→ an**ge**rufen	mit/nehmen（持って行く）→ mit**ge**nommen
ein/laden（招待する）→ ein**ge**laden	wieder/sehen（再会する）→ wieder**ge**sehen

12 私は〜することができます

Ich kann ＋ 動詞の原形

基本 フレーズ 🎵

イッヒ　カン　グートゥ　クラヴィア　シュピーレン
Ich kann gut Klavier spielen.
私、ピアノ弾くのが得意なの。

こんなときに使おう！
得意なことを語る時に…

können は話法の助動詞の1つで、叙述文に使われた時は、多くの場合「〜する能力がある」、状況から「可能である」という意味に使われます。また、弱い推量を表す時にも使われます。

例　Heute Nachmittag kann es regnen.
　　（今日の午後は雨になるかもしれません）

● 基本パターン ●

| 主語 | ＋ | könnenの活用形 | ＋ | （動詞が必要とすれば）目的語など | ＋ | 動詞の原形 | ．|

können の現在形の人称変化

ich (私)	du (あなた・君〔親称〕)	er / sie / es (彼／彼女／それ)	wir (私たち)	ihr (あなたたち・君たち)	sie / Sie (彼ら／あなた〔敬称〕)
kann-X	kann-st	kann-X	könn-en	könn-t	könn-en

話法の助動詞könnenの現在形の人称変化は、強変化動詞の過去人称変化と基本的に同じ形を取り、ichとduとer / sie / esの活用形の母音がöからaに変化します。

können の過去形の人称変化

ich (私)	du (あなた・君 〔親称〕)	er / sie / es (彼／彼女／それ)	wir (私たち)	ihr (あなたたち・ 君たち)	sie / Sie (彼ら／ あなた〔敬称〕)
konn-te	konn-test	konn-te	konn-ten	konn-tet	konn-ten

　話法の助動詞könnenの過去形の人称変化は、混合変化動詞の過去人称変化と基本的に同じ形を取りますが、すべての人称で活用形の母音がöからoに変化します。

基本パターンで言ってみよう！　　CD-12

イッヒ　カン　ジー　グートゥ　フェアシュテーエン
Ich kann Sie gut verstehen.

あなたの言われていること、よく理解できますよ。

イッヒ　カン　ジー　アム　テレフォン　グートゥ　フェアシュテーエン
Ich kann Sie am Telefon gut verstehen.

この電話ではあなたの声がよく聞こえますよ。

エア　カン　グートゥ　アウト　ファーレン
Er kann gut Auto fahren.

彼は車の運転がうまいんだ。

マン　カン　イン　ディーゼム　レストラン　グートゥ　エッセン
Man kann in diesem Restaurant gut essen.

そのレストランの料理はおいしいですよ。

ダス　カン　ザイン
Das kann sein.

そうかもしれないね。

ヴィア　クェネン　ジー　アム　ヴォッヘンエンデ　ベズーヘン
Wir können Sie am Wochenende besuchen.

私たち週末だったらお訪ねできます。

応 用

●否定パターン●

基本的には、文の最後に置かれる動詞の原形の前に『nicht』を付けるだけ！

主語 ＋ können の活用形 ＋ （動詞が必要とすれば）目的語など ＋ **nicht** ＋ 動詞の原形 ．

> **注** 場合によってはnichtの位置がずれたり、不特定の名詞を打ち消して否定形を作る時にはkeinが付きます。（パターン1参照）

イッヒ カン ジー ニヒトゥ グートゥ フェアシュテーエン
Ich kann Sie nicht gut verstehen.
（あなたの言われていることは、どうもよく理解できません）

イッヒ カン ディア ライダー ニヒトゥ ヘルフェン　イッヒ ハーベ ホイテ カイネ ツァイトゥ
Ich kann dir leider nicht helfen. Ich habe heute keine Zeit.
（残念ながらお手伝いすることができないの。今日は時間がないの）

マイネ ムッター カン オーネ ブリレ カイネ ツァイトゥンク レーゼン
Meine Mutter kann ohne Brille keine Zeitung lesen.
（私の母は、眼鏡をかけないと、新聞がちっとも読めません）

エア カン ノルマーラーヴァイゼ グートゥ シュヴィメン　アーバー ホイテ ハットゥ
Er kann normalerweise gut schwimmen. Aber heute hat
エア フィーバー ウントゥ カン ライダー ニヒトゥ シュヴィメン
er Fieber und kann leider nicht schwimmen.
（彼は普段は泳ぎが得意なんだが、今日は熱があって、残念ながら泳ぐことができないんだ）

●疑問パターン●

主語とkönnen の活用形を逆にして、最後に『?』を付けるだけ！

können の活用形 ＋ 主語 ＋ （動詞が必要とすれば）目的語など ＋ 動詞の原形 ？

私は〜することができます／Ich kann＋動詞の原形

Können wir das das nächste Mal machen? Heute habe ich zu viel zu tun.

（これは今度やることにしない？　今日やることがいっぱいあるの）

答え方　Ja gut. Das eilt nicht.

（ああ、いいよ。急ぎじゃないから）

ワンポイント　『eilen』「急を要する」という自動詞。

応用パターンで言ってみよう！　CD-12

Der Mann kann nicht singen.

あの男性は、歌はからっきし駄目なんだ。

Das kann ich dir nicht sagen.

それには答えられないよ。

Meine Schwester kann kein Deutsch sprechen.

私の妹は、ドイツ語はまるで話せないの。

Kann es heute ein Gewitter geben?

今日、雷雨になりそうですかね？

Können Sie Ski fahren?

スキーはお上手ですか？

Können wir hier Sitzplätze reservieren?

ここで席の予約ができますか？

13 私は〜しなければなりません

Ich muss ＋ 動詞の原形

基本フレーズ

イッヒ　ムス　　ホイテ　　ランゲ　　　アルバイテン
Ich muss heute lange arbeiten.
私は今日は長時間、仕事しなければいけないの。

こんなときに使おう！
今日しなければいけないことを語る時に…

müssen は話法の助動詞の1つで、叙述文に使われた時は多くの場合、話者の視点から見て「〜しなければならない」「（必然的に）〜せざるを得ない」という意味に使われます。また「〜に違いない」という強い推量を表す時にも使われます。

注 その他、否定を表す語句と一緒に使われると、英語と違って「〜する必要はない」という意味になります。

●基本パターン●

主語 ＋ müssen の活用形 ＋ （動詞が必要とすれば） 目的語など ＋ 動詞の原形 ．

müssen の人称変化：現在形（上）、過去形（下）

ich (私)	du (あなた・君 〔親称〕)	er / sie / es (彼／彼女／それ)	wir (私たち)	ihr (あなたたち・ 君たち)	sie / Sie (彼ら／ あなた〔敬称〕)
muss-X	muss -t	muss -X	müss-en	müss-t	müss-en
muss-te	muss -test	muss -te	muss-ten	muss-tet	muss-ten

müssenの現在形の人称変化は、強変化動詞の過去人称変化と基本的に同じ形を取りますが、ich とdu とer / sie / es の活用形の母音がüからuに変化します。

müssenの過去形の人称変化は、混合変化動詞の過去人称変化と基本的に同じ形を取りますが、すべての人称で活用形の母音がüからuに変化します。

基本パターンで言ってみよう！　　　CD-13

イッヒ　ムス　マイネン　ファーター　アンルーフェン
Ich muss meinen Vater anrufen.

父に電話をしなくちゃ。

ジー　ムス　ゾフォルトゥ　ナッハ　ハウゼ　ゲーエン
Sie muss sofort nach Hause (gehen).

彼女はすぐに家に帰らなくちゃいけないの。

ワンポイント müssenと一緒に使われると、gehenはよく省かれる。

ディー　ゼクレテーリン　ムス　ノッホ　ランゲ　アルバイテン
Die Sekretärin muss noch lange arbeiten.

その秘書はまだまだ仕事を片づけなければならない。

エア　ムステ　シュネル　ラウフェン　ウム　デン　ツーク　ツー　エアライヒェン
Er musste schnell laufen, um den Zug zu erreichen.

彼は列車に間に合うように、早足で歩かなければならなかった。

ワンポイント 『um ... zu』～するために（パターン61参照）

ユーバー　デン　ヴィッツ　ムス　イッヒ　ラッヘン
Über den Witz muss ich lachen.

そのジョークには思わず笑ってしまうよ。

ヴェン　エス　ザイン　ムス
Wenn es sein muss.

やむを得なければ（そうするよ）。

ワンポイント この表現は、よくwennを使った副文だけで独立して使われる。

デア　シューラー　ムス　クランク　ザイン
Der Schüler muss krank sein.

あの生徒はきっと病気に違いない。

応　用

●否定パターン●

　基本的には、文の最後に置かれる動詞の原形の前に『nicht』を付けるだけ！

　ただし、英語のように「〜してはいけない」という禁止の意味を表すのではなく、「〜する必要はない」という意味になります。

主語 ＋ müssenの活用形 ＋ （動詞が必要とすれば）目的語など ＋ nicht ＋ 動詞の原形．

☆　「〜する必要がない」

注　その他、場合によってはnichtの位置がずれたり、不特定の名詞を打ち消して否定形を作る時にはkeinが付きます。（パターン1参照）

ドゥー　ムストゥ　ニヒトゥ　ゼルプストゥ　ヒンゲーエン
Du musst nicht selbst hingehen.
（自分でそこに行かなくてもいいんだよ）

ドゥー　ムストゥ　ニヒトゥ　　ミットゥコメン　　　ヴェン　ドゥー　カイネ　ルストゥ　ハストゥ
Du musst nicht mitkommen, wenn du keine Lust hast.
（来たくなければ、別に一緒に来なくてもいいよ）

　ワンポイント　『mit/kommen』「一緒に来る」という意味の分離動詞。

イン　ディーゼム　クルトゥアツェントゥルム　　ムス　　マン　カイネ　ゲビューレン　ツァーレン
In diesem Kulturzentrum muss man keine Gebühren zahlen.
（この文化センターは無料で利用できます〔料金を支払う必要はありません〕）

私は〜しなければなりません／Ich muss＋動詞の原形

●疑問パターン●

主語とmüssen の活用形の順序を逆にして、最後に『?』を付けるだけ！

> müssen の活用形 ＋ 主語 ＋ その他の文の要素 ?

ミュッセン　ヴィア　ビス　モルゲン　ディ　ハウスアウフガーベン　アップゲーベン
Müssen wir bis morgen die Hausaufgaben abgeben?
（明日までに宿題を提出しないといけませんか？）

答え方　Ja, natürlich.
（ええ、もちろん）

☺ 応用パターンで言ってみよう！　　　CD-13

モルゲン　ムス　イッヒ　ニヒトゥ　アルバイテン
Morgen muss ich nicht arbeiten.
明日、仕事が休みなんだ。

ヴィア　ムステン　ニヒトゥ　ツー　フース　ゲーエン　ヴィア　コンテン　アインタクシー　ネーメン
Wir mussten nicht zu Fuß gehen. Wir konnten ein Taxi nehmen.
僕たち歩いて行かなくてもよかった。タクシーを拾うことができたんだ。

ミュッセン　ヴィア　アイネン　ティッシュ　レザヴィーレン
Müssen wir einen Tisch reservieren?
テーブルを予約するべきでしょうか？

ムス　ダス　ウンベディンクトゥ　ホイテ　ザイン
Muss das unbedingt heute sein?
どうしても今日じゃないとだめなの？

ワンポイント　『unbedingt』どうしても、ぜひとも　※müssen と一緒によく使われる。

Ⅰ これだけは!! 絶対覚えたい重要パターン21

これも知っておこう！　1

英語のように「〜してはいけない」「〜なはずがない」という禁止の意味を表すには、müssenの代わりにdürfenを使う必要があります。（パターン15参照）

☆　「〜してはならない、〜なはずがない」

主語 ＋ dürfen の活用形 ＋ （動詞が必要とすれば）目的語など ＋ nicht ＋ 動詞の原形 ．

Man darf hier nicht rauchen.
マン　ダルフ　ヒア　ニヒトゥ　ラウヘン
ここは禁煙です〔タバコを吸ってはいけない〕。

Das darf doch nicht wahr sein.
ダス　ダルフ　ドッホ　ニヒトゥ　ヴァー　ザイン
そんなはずがないでしょう。

Auf dieser Straße darf man nicht schnell fahren.
アウフ　ディーザー　シュトゥラーセ　ダルフ　マン　ニヒトゥ　シュネル　ファーレン
この道路では、高速での車の走行は禁止されています。

In diesem Museum darf man nicht fotografieren.
イン　ディーゼム　ムゼウム　ダルフ　マン　ニヒトゥ　フォトグラフィーレン
この博物館では、撮影は禁止されています。

> ワンポイント　manは不特定の人を指し、一般的な事柄を述べる時にとても便利で、ドイツ語では非常によく使われます。特に義務、許可、禁止などの表現にはよく用いられます。文法上、3人称単数で、主語としてのみ使われます。

私は〜しなければなりません／Ich muss＋動詞の原形

これも知っておこう！ 2

いろいろな疑問詞を頭に置いてたずねることができます。

疑問詞 ＋ müssen の活用形 ＋ 主語 ＋ その他の文の要素 ？

Warum musst du jetzt schon gehen?
ヴァルーム　ムストゥ　ドゥーイェツトゥ　ショーン　ゲーエン

どうしてもうこんなに早く帰らないといけないの？

ワンポイント ここでのgehen は「訪問先を立ち去る」という意味。

答え方　Weil ich morgen eine schwierige Prüfung habe.
　　　　　だって明日、難しい試験があるんだ。
　　　　　※warumとweilの組み合わせはパターン19参照。

Wann müsst ihr gehen?
ヴァン　ミュストゥ　イヤ　ゲーエン

いつ出かけないといけないの？

Wie lange muss der Tee noch ziehen?
ヴィー　ランゲ　ムス　デア　テー　ノッホ　ツィーエン

あとどのくらいお茶を蒸らせばよいでしょう？

ワンポイント 『ziehen』ここでは「（茶、紅茶などの）味や香りがよく出る」という意味。

14 私は〜したいです

Ich möchte ＋ 動詞の原形

基本フレーズ

イッヒ　メヒテ　　イム　ネーヒステン　　ゾマー
Ich möchte im nächsten Sommer
ナッハ　ドイチュラントゥ　　フリーゲン
nach Deutschland **fliegen**.
私、今度の夏にドイツへ行きたいな。

こんなときに使おう！
したいことを語る時に…

---

möchten は話法の助動詞の１つmögenの接続法Ⅱの活用形で、やんわりと「〜したい」と表現したい時に使われます。また、文末の本動詞の原形が付かない時にはmöchtenそれ自体が本動詞となり、「〜がほしい」という意味になります。

möchten と副詞gern（好んで）はよく一緒に使われます。

例　Die Schüler möchten gern gut Deutsch sprechen.
　　（生徒たちはドイツ語を上手に話したい）

gern の比較級や最上級もmöchten と一緒に使われます。

例　Ich möchte heute lieber schon um zwölf zu Mittag essen als erst um eins.（今日は1時になってからではなく、もう12時には昼食をとりたいんだけれど）

例　Ich möchte heute am liebsten zu Hause bleiben.
　　（今日はどうしても家にいたいわ）

● 基本パターン ●

主語 ＋ möchten の活用形 ＋ （動詞が必要とすれば） 目的語など ＋ 動詞の原形．

möchtenの人称変化

ich (私)	du (あなた・君 〔親称〕)	er / sie / es (彼／彼女／それ)	wir (私たち)	ihr (あなたたち・ 君たち)	sie / Sie (彼ら／ あなた〔敬称〕)
möch-**te**	möch-**test**	möch-**te**	möch-**ten**	möch-**tet**	möch-**ten**

注 möchtenの人称変化は、弱変化動詞の過去人称変化に準じます。möchtenの過去形を表す時にはmögenの過去形mochtenではなく、wollenの過去形wolltenが使われます。（パターン63参照）

基本パターンで言ってみよう！　　CD-14

イッヒ　メヒテ　イマー　バイ ディア　ブライベン
Ich möchte immer bei dir bleiben.
いつもあなたのそばにいたいの。

イッヒ　メヒテ　ディッヒ ウム　エントゥシュルディグンク　ビッテン
Ich möchte dich um Entschuldigung bitten.
あなたにおわびしたいんです。

ワンポイント　『um ～〔4格〕bitten』 ～をお願いする
　　　　　　　『Entschuldigung』 謝罪

ダス キントゥハットゥ フンガー　ウントゥ　メヒテ　エトゥヴァス エッセン
Das Kind hat Hunger und möchte etwas essen.
その子はお腹がすいていて、何か食べたがっている。

エア　メヒテ　ショーン インス ベットゥ ゲーエン
Er möchte schon ins Bett gehen.
彼はもう床に就きたい。

イッヒ　メヒテ　ゲルン ミットゥ ヘルン　グロース　シュプレッヒェン
Ich möchte gern mit Herrn Groß sprechen.
グロースさんと話したいのですが。〔電話で〕

応 用

●否定パターン●

基本的には、文の最後に置かれる動詞の原形の前に『nicht』を付けるだけ！

主語 ＋ möchten の活用形 ＋ （動詞が必要とすれば）目的語など ＋ nicht ＋ 動詞の原形 ．

注 その他、場合によってはnichtの位置がずれたり、不特定の名詞を打ち消して否定形を作る時にはkeinが付きます。（パターン1参照）

マイン　マン　メヒテ　ニヒトゥ　テニス　シュピーレン
Mein Mann möchte nicht Tennis spielen.
エア　メヒテ　リーバー　シュヴィメン
Er möchte lieber schwimmen.
（夫はテニスをしたくないんですって。それよりも泳ぎたいって）

ジー　メヒテ　ニヒトゥ　ホイテ　インス　キーノ　ゲーエン
Sie möchte nicht heute ins Kino gehen.
ジー　ゲートゥ　リーバー　モルゲン　ヒン
Sie geht lieber morgen hin.
（彼女は今日は映画に行きたくない。明日、映画を観に行きたい）

イッヒ　メヒテ　ニヒツ　エッセン　イッヒ　ハーベ　カイネン　フンガー
Ich möchte nichts essen; ich habe keinen Hunger.
（何も食べたくない。お腹すいてないの）

●疑問パターン●

主語とmöchtenの活用形を逆にして、最後に『?』を付けるだけ！

möchten の活用形 ＋ 主語 ＋ その他の文の要素 ？

私は〜したいです／Ich möchte＋動詞の原形

Möchten Sie sonst noch etwas?
（他に何にいたしましょうか？）〔店員〕

答え方　Nein, danke. Das wär's.
（他にはもう結構ですよ）

> ワンポイント　『Das wär's.』は「これで全部です」という意味。wär's ＝ wäre es。wäre はsein の接続法Ⅱの形で、間接的で丁寧な表現。

応用パターンで言ってみよう！　　CD-14

Der alte Mann möchte nicht zu Fuß gehen.
そのお年寄りは歩いては行きたくないのです。

Das Kind möchte noch nicht ins Bett gehen.
その子はまだ寝たくないんだ。

Die Chefin möchte nicht zu spät zur Konferenz kommen.
上司〔女性〕は会議に遅れないようにしたいと思っている。

Möchtest du morgen einkaufen gehen?
明日ショッピングに出かけたいかい？

Möchten Sie eine Rückfahrkarte?
往復切符が必要ですか？

> ワンポイント　(e) Hinfahrt「往路」に対して(e) Rückfahrt は「復路」を表す。Karte（ここでは「切符」の意味）が付くと「往復切符」の意味になる。

15 ～してもいい？　～してもよろしいですか？

Kann ich + 動詞の原形 ?

基本フレーズ

カン　イッヒ　ジー　エトゥヴァス　フラーゲン
Kann ich Sie etwas fragen?
質問してもいいですか？

こんなときに使おう！
何かたずねたい時に…

パターン12で登場する話法の助動詞können にはいろいろな意味がありますが、日常生活では、軽い許可を求める時にもよく使われます。

あらたまって丁寧に許可を求める時、また、規則などによる強い許可や禁止を表現する時には話法の助動詞dürfenが使われます。『Darf ich Sie / dich etwas fragen?』と聞くと、「少しおたずねしてもかまいませんか？」という意味合いになります。

基本パターン

können の活用形 ＋ 主語 ＋ （動詞が必要とすれば）目的語など ＋ 動詞の原形 ?

dürfen の活用形 ＋ 主語 ＋ （動詞が必要とすれば）目的語など ＋ 動詞の原形 ?

dürfen の人称変化：現在形（上）、過去形（下）

ich (私)	du (あなた・君〔親称〕)	er / sie / es (彼／彼女／それ)	wir (私たち)	ihr (あなたたち・君たち)	sie / Sie (彼ら／あなた〔敬称〕)
d**a**rf-**X**	d**a**rf-**st**	d**a**rf-**X**	dürf-**en**	dürf-**t**	dürf-**en**
d**u**rf-**te**	d**u**rf-**test**	d**u**rf-**te**	d**u**rf-**ten**	d**u**rf-**tet**	d**u**rf-**ten**

dürfenの現在形の人称変化は、強変化動詞の過去人称変化と基本的に同じ形を取りますが、ich とdu とer / sie / es の活用形の母音がüからaに変化します。

dürfenの過去形の人称変化は混合変化動詞の過去人称変化と基本的に同じ形を取り、すべての人称で活用形の母音がüからuに変化します。

基本パターンで言ってみよう！　　　　　　　　　CD-15

カン　イッヒ　ダス　フェンスター　アウフマッヘン
Kann ich das Fenster aufmachen?

窓を開けてもいい？

カン　イッヒ　ヒア　テレフォニーレン
Kann ich hier telefonieren?

ここから電話をかけたいのですが。

カン　イッヒ　イーネン　ヘルフェン
Kann ich Ihnen helfen?

何かお手伝いしましょうか？

カン　イッヒ　ラインコメン
Kann ich reinkommen?

入ってもいい？

ダルフ　マン　ヒア　フォトグラフィーレン
Darf man hier fotografieren?

ここで写真を撮ってもかまいませんか？

ダルフ　イッヒ　ジー　ウム　アイネン　ラートゥ　ビッテン
Darf ich Sie um einen Rat bitten?

助言していただけるとうれしいのですが。

> ワンポイント　(r)『Rat』助言

ダルフ　マイン　ゾーン　イーレン　シェフ　アインマール　アンルーフェン
Darf mein Sohn Ihren Chef einmal anrufen?

息子が一度そちらの上司の方にお電話してもよろしいでしょうか？

> ワンポイント　『einmal』一度

応 用

● 応用パターン1 〔肯定〕●

「～は～をしてよい」「～をしてかまわない」

主語 ＋ können の活用形 ＋ （動詞が必要とすれば） 目的語など ＋ 動詞の原形 ．

主語 ＋ dürfen の活用形 ＋ （動詞が必要とすれば） 目的語など ＋ 動詞の原形 ．

応用パターン1で言ってみよう！　　　CD-15

ジー　クェネン　ゲルン　イーレン　マン　ミットゥブリンゲン
Sie können gern Ihren Mann **mitbringen**.

どうぞご主人も一緒にいらっしゃってください。

ワンポイント 『mit/bringen』連れて来る

イヤ　クェントゥ　ウンス　ナチュアリッヒ　モルゲン　ベズーヘン
Ihr könnt uns natürlich morgen **besuchen**.

もちろん明日、私たちを訪ねてね。

エア　カン　イーン　ルーイッヒ　アインマール　アンルーフェン
Er kann ihn ruhig einmal **anrufen**.

もちろん、一度彼にお電話ください。

ディ　エルターン　クェネン　イン　デア　ハレ　ヴァルテン
Die Eltern können in der Halle **warten**.

ご両親はホールでお待ちください。

デア　パツィエントゥ　ダルフ　ショーン　アウフシュテーエン
Der Patient darf schon **aufstehen**.

その患者はもう起き上がってもかまいません。

ヤー　マン　ダルフ　ヒア　フォトグラフィーレン
Ja, **man darf** hier **fotografieren**.

ええ、ここでは撮影していただいても結構ですよ。

●応用パターン2〔否定〕●

「~は~をしてはいけない」「~は禁止されている」

基本的には、文の最後に置かれる動詞の原形の前に『nicht』を付けるだけ！

主語 ＋ könnenの活用形 ＋ （動詞が必要とすれば）目的語など ＋ nicht ＋ 動詞の原形．

主語 ＋ dürfenの活用形 ＋ （動詞が必要とすれば）目的語など ＋ nicht ＋ 動詞の原形．

注 その他、場合によってはnichtの位置がずれたり、不特定の名詞を打ち消して否定形を作る時にはkeinが付きます。

応用パターン2で言ってみよう！　CD-15

ジー　クェネン　ライダー　ニヒトゥ　イーレン　マン　ミットゥブリンゲン
Sie können leider nicht Ihren Mann mitbringen.

大変残念ですが、ご主人をお連れいただくことはできません。

トゥートゥ　ミア　ライトゥ　エア　カン　イーン　ニヒトゥ　アンルーフェン　デア　シェフ イストゥ ランゲ
Tut mir leid, er kann ihn nicht anrufen; Der Chef ist lange

アウフ　ディーンストゥライゼ
auf Dienstreise.

申し訳ありませんが、上司にお電話いただくことはできかねます。
彼は長期出張に出ております。

ワンポイント　(e)『Dienstreise』出張

デア　パツィエントゥ　ダルフ　ノッホ　ニヒトゥ　アウフシュテーエン
Der Patient darf noch nicht aufstehen.

その患者はまだ起き上がってはいけません。

ナイン　マン　ダルフ　ヒア　ニヒトゥ　フォトグラフィーレン
Nein, man darf hier nicht fotografieren.

いいえ、ここでは撮影は許可されていません。

16 〜してもらえない？

Kannst du ＋ 動詞の原形 ？

基本フレーズ

Kannst du mir helfen?
カンストゥ ドゥー ミア ヘルフェン
手伝ってもらえる？

こんなときに使おう！
仕事を手伝ってもらいたい時に…

　いろいろな意味を持つ話法の助動詞könnenは質問の形で、能力や可能性（パターン12）や許可（パターン15）をたずねる他、お願いする時にもよく使われます。

　これはduに対してだけではなく、Sieに対してもよく使われます。『Können Sie mir bitte helfen?』とたずねると、「お手伝いいただけませんか？」という意味合いになります。

●基本パターン●

| Kannst du |
| Könnt ihr | ＞（動詞が必要とすれば）目的語など ＋ 動詞の原形 ？
| Können Sie |

　さらに、あらたまって丁寧にお願いしたい時には、könnenの接続法Ⅱの形könntenが使われます。

　Könnten Sie mir bitte helfen?
　（恐れ入りますが、お手伝いいただけませんでしょうか？）

könnten（könnenの接続法Ⅱ）の人称変化

ich (私)	du (あなた・君 〔親称〕)	er / sie / es (彼／彼女／それ)	wir (私たち)	ihr (あなたたち・ 君たち)	sie / Sie (彼ら／ あなた〔敬称〕)
könn-te	könn-test	könn-te	könn-ten	könn-tet	könn-ten

基本パターンで言ってみよう！　　CD-16

カンストゥ ドゥー デン ブリーフ アップシッケン
Kannst du den Brief abschicken?

この手紙を出しておいてくれる？

カンストゥ ドゥー ミア ビッテ ダス ザルツ ライヒェン
Kannst du mir bitte das Salz reichen?

塩を取ってもらえる？

> ワンポイント　『reichen』（誰かに何かを）取ってあげる

カンストゥ ドゥー ウンス マール クニプセン
Kannst du uns mal knipsen?

（カメラの）シャッターを押してもらえる？

> ワンポイント　『knipsen』（カメラの）シャッターを押す

クェントゥ イヤ エトゥヴァス フリューアー コメン
Könnt ihr etwas früher kommen?

君たち、もう少し早く来てくれないかな？

クェネン ジー クルツ ヴァルテン
Können Sie kurz warten?

少し待ってもらえますか？

クェネン ジー ビッテ ラングザーマー シュプレッヒェン
Können Sie bitte langsamer sprechen?

もう少しゆっくり話していただけますか？

クェンテン ジー ミア ビッテ バルトゥ アントゥヴォルテン
Könnten Sie mir bitte bald antworten?

早くお返事をちょうだいできますでしょうか？

応用

●応用パターン●

「〜を教えてくれる？」「〜を教えてくださる？」

Kannst du / Könnt ihr / Können Sieの後に動詞sagenを付け、さらにその目的語として間接疑問文を続けることができます。

Kannst du / Könnt ihr / Können Sie ＋ mir / uns sagen , 間接疑問文 ?

注　間接疑問文は副文の構造を取るので、動詞が一番最後に置かれます。

応用パターンで言ってみよう！　CD-16

Kannst du mir sagen, wie spät es jetzt ist?
今何時か教えてもらえるかい？

ワンポイント　『wie spät ist es?』何時ですか？（パターン23参照）

Können Sie mir bitte sagen, wie ich zum Bahnhof komme?
どうやって駅まで行けばよいのか、教えていただけますか？

Können Sie uns sagen, wann der nächste Zug nach Hamburg fährt?
次のハンブルク行きの列車がいつ出発するのか、おたずねします。

~してもらえない？／Kannst du＋動詞の原形？

Können Sie uns sagen, wie viel das Auto kostet?
その車がいくらするのか教えてもらえますか？

Könnten Sie mir sagen, ob der Professor morgen Zeit hat〔hätte〕?
教授は明日お時間がおありになるのかどうか、おたずねいたします。

> **ワンポイント** 質問の答えがJa かNeinの時には、間接疑問文ではobが副文の頭に置かれる。hätteはhabenの接続法Ⅱの形で婉曲な表現。（パターン23参照）

17 いつ〜？

Wann 〜？

基本フレーズ

Wann hast du Geburtstag?
（ヴァン　ハストゥ　ドゥー　ゲブルツターク）
お誕生日はいつなの？

こんなときに使おう！
誕生日をたずねたい時に…

　wann は「いつ〜ですか？」とたずねる疑問詞です。『Wann 〜？』と聞かれたら、時を表す副詞や、前置詞と時を表す名詞と組み合わせた副詞句を使って答えましょう。

　誕生日を聞かれたら、例えば『(Ich habe) am 25. Juli (Geburtstag).』というように答えましょう。am 25. はam fünfundzwanzigstenと読みます。

　日にちを表す時、ドイツ語では最初に日、次に月、最後に年がきます。例えば「今日は2015年5月12日です」は『Heute ist der 12.(zwölfte) Mai 2015.』となります。日を表すのは、der 12. (zwölfte) Tag（12番目の日）というように、序数が使われ、Tagが省かれます。

　序数は形容詞のように活用します。

　例　Ich wohne im dritten Stock.（私は4階に住んでいます）

　注　ドイツでは日本の「1階」のことを(s) Erdgeschoss（地上階）と呼ばれるので、日本の「2階」がドイツの1階にあたります。

　ドイツ語の序数は、「基本の基本」（p.17）を参照してください。

● 基本パターン ●

Wann ＋ 動詞の活用形 ＋ 主語 ＋ （動詞が必要とすれば）目的語など ？

基本パターンで言ってみよう！　　CD-17

Wann hast du Zeit?
ヴァン　ハストゥ　ドゥー　ツァイトゥ

いつ時間ある？

Wann haben Sie Deutschunterricht?
ヴァン　ハーベン　ジー　ドイチュウンテリヒトゥ

ドイツ語の授業はいつあるのですか？

Wann fahren wir nach Berlin?
ヴァン　ファーレン　ヴィア　ナッハ　ベルリン

僕たち、いつベルリンに行くんだい？

Wann fährt der Zug nach Berlin?
ヴァン　フェアトゥ　デア　ツーク　ナッハ　ベルリン

ベルリン行きの列車はいつ出発するのですか？

Wann kommt unser Bus?
ヴァン　コムトゥ　ウンザー　ブス

私たちが乗るバスはいつ来るのかしら？

ワンポイント 『unser』「私たちの」という意味の所有冠詞。

Wann warst du im Konzert?
ヴァン　ヴァルストゥドゥー　イム　コンツェルトゥ

いつコンサートに行ったの？

Wann haben Sie Ihre Eltern besucht?
ヴァン　ハーベン　ジー　イーレ　エルターン　ベズーフトゥ

いつご両親を訪ねたのですか？

Wann seid ihr zuletzt nach Deutschland gereist?
ヴァン　ザイトゥ イヤ　ツーレツトゥ　ナッハ　ドイチュラントゥ　ゲライストゥ

この前に君たちがドイツに旅行したのはいつ？

I これだけは!! 絶対覚えたい重要パターン21

応用

●応用パターン●

「いつ」は次のように、前置詞、疑問詞、名詞を組み合わせて、詳しく時間を問うことができます。

Um wie viel Uhr ... ?
Vor wie vielen Jahren ... ?
In welcher Woche ... ?
In welcher Jahreszeit ... ?
In welchem Monat ... ?
In welchem Jahr ... ?
An welchem Tag ... ?

* wie vielの詳しい使い方に関してはパターン20参照。
* welchの詳しい使い方に関してはパターン22参照。

応用パターンで言ってみよう！　　CD-17

ウム　ヴィー フィール ウーア　ベギントゥ　ウンザー　ドイチュウンテリヒトゥ
Um wie viel Uhr beginnt unser Deutschunterricht?
ドイツ語の授業は何時に始まりますか？

答え方　(Er beginnt) um 16 Uhr.
　　　　午後4時に（始まります）。

アン　ヴェルヒェム　タークメヒテン　ジー　コメン
An welchem Tag möchten Sie kommen?
何曜日に来られますか？

答え方　(Ich möchte) am Montag (kommen).
　　　　月曜日に（行きます）。

いつ〜？／Wann 〜？

In welcher Woche geht ihr in Urlaub?
どの週に長期休暇に出かけるのかい？

> ワンポイント 『Urlaub』長期休暇

> 答え方 (Wir gehen) in der übernächsten Woche (in Urlaub).
> 再来週に（長期休暇に出かけるわよ）。

In welchem Monat fängt das neue Semester an?
何月に新学期が始まりますか？

> ワンポイント 原形はan/fangen「始まる」という意味の分離動詞。

> 答え方 (Es fängt) im September (an).
> 9月に（始まります）。

In welchem Jahr habt ihr geheiratet?
君たち、何年に結婚したの？

> 答え方 (Wir haben) 1985 (geheiratet).
> 1985年に（結婚したわ）。

> ワンポイント ドイツ語では「何年に」と表現する時に、英語のようにinを置きません。in 1985は間違いで、1985とただ年数を用いるか、文語ではim Jahre 1985と表現されます。

Vor wie vielen Jahren haben wir uns kennengelernt?
私たち、何年前に知り合ったんだっけ？

> 答え方 (Wir haben uns) schon vor acht Jahren (kennengelernt).
> 8年も前に（知り合ったよ）。

⚠ これも知っておこう！　──日時を表す単語

【月】

1月	Januar	7月	Juli
2月	Februar	8月	August
3月	März	9月	September
4月	April	10月	Oktober
5月	Mai	11月	November
6月	Juni	12月	Dezember

【曜日】

月曜日	Montag
火曜日	Dienstag
水曜日	Mittwoch
木曜日	Donnerstag
金曜日	Freitag
土曜日	Samstag
日曜日	Sonntag

【季節】

春	Frühling
夏	Sommer
秋	Herbst
冬	Winter

いつ〜？／Wann 〜？

【その他】

おととい	vorgestern
昨日	gestern
今日	heute
明日	morgen
あさって	übermorgen
先週	letzte Woche / in der letzten Woche
今週	diese Woche / in dieser Woche
来週	nächste Woche / in der nächsten Woche
先月	letzten Monat / im letzten Monat
今月	diesen Monat / in diesem Monat
来月	nächsten Monat / im nächsten Monat
去年	letztes Jahr / im letzten Jahr
今年	dieses Jahr / in diesem Jahr
来年	nächstes Jahr / im nächsten Jahr

1月に	im Januar
日曜日に	am Sonntag
春に	im Frühling
午前	am Vormittag
午後	am Nachmittag
夕方、晩に	am Abend
10時に	um 10 Uhr

※時刻の表現に関してはパターン23参照。

18 どこから〜? どこで〜? どこへ〜?

Woher 〜? Wo 〜? Wohin 〜?

基本フレーズ

Woher kommen Sie?
ヴォーヘア コメン ジー
ご出身はどちらですか?

Wo wohnen Sie?
ヴォー ヴォーネン ジー
どこにお住まいですか?

Wohin fahren Sie jetzt?
ヴォーヒン ファーレン ジー イェツトゥ
今どこに行かれるのですか?

こんなときに使おう!
場所に関する質問をしたい時に…

---

　woは「どこで〜しますか?」とたずねる疑問詞です。herは「遠い所からこちらのほうへ」、hinは「こちらのほうから遠い所へ」という意味を表す副詞で、woにくっ付いてwoher / wohinとなり、それぞれ「どこから〜」「どこへ〜」とたずねる疑問詞です。woherおよびwohinは、多くの場合、場所の変化を表す動詞と一緒に使われ、答えには、woherは「〜から」を表す前置詞aus、wohinは「〜へ」を表す前置詞nachなどを伴います。それに対してwoは場所の変化を表さず、それに見合った動詞が使われ、多くの場合、答えは前置詞inを伴います。

　上のように聞かれたら、それぞれ例えば次のように答えましょう。

Ich komme aus Frankreich aus Paris.（私はフランスのパリ出身です）
Ich wohne in Berlin. 　　　　　　（私はベルリンに住んでいます）
Ich fahre jetzt nach Dresden.
（今ドレースデンに列車で行くところです）

● 基本パターン ●

Woher / Wo / Wohin ～ 動詞の活用形 ＋ 主語 ＋（動詞が必要とすれば）目的語など ？

基本パターンで言ってみよう！　　　CD-18

woher

ヴォーヘア　コムトゥ　ディー　マシーネ
Woher kommt die Maschine?

その飛行機はどこから飛んでくるのですか？

ワンポイント　(e)『Maschine』は「機械」という意味だが、具体的に「飛行機」という意味でもよく使われる。

ヴォーヘア　ハストゥ　ドゥー　ダス　　ヴォー　ハスト　ドゥー　ダス　ヘア
Woher hast du das?〔Wo hast du das her?〕

君はそれをどこで手に入れたんだい？

ヴォーヘア　ヴィッセン　ジー　ダス
Woher wissen Sie das?

そのことをどうやって知ったのですか？

ヴォーヘア　ケントゥ　イヤ　オイヒ
Woher kennt ihr euch?

どういうきっかけであなたたちお互いを知っているの？

wo

ヴォー　ジントゥ　ジー　　ゲボーレン
Wo sind Sie geboren?

どこで生まれたのですか？

Wo kann man es bekommen?

それをどこでもらえますか？

Wo kann ich gut einkaufen?

いいお買い物ができるのはどこかしら？

Wo können wir gut essen?

どこでおいしいお食事ができますか？

Wo seid ihr schon gewesen?

今までにもうどんな所に行ったことがあるの？

> ワンポイント 『gewesen』強変化動詞sein（ある、存在する）の過去分詞。

wohin

Wohin fährt der Zug?

その列車はどこに行きますか？

Wohin zieht er um?

彼はどこに引っ越すの？

> ワンポイント 『um/ziehen』「引っ越す」という意味の分離動詞。

Wohin soll ich den Tisch stellen?

このテーブルをどこに置こうか？

> ワンポイント 『stellen』〜に置く　※ペンのように、横に長いものにはlegenが用いられる。

Wohin soll ich mich setzen?

どこに座ればいいですか？

> ワンポイント 『sich setzen』で「座る」という意味。

どこから〜? どこで〜? どこへ〜?／Woher 〜? Wo 〜? Wohin 〜?

コラム ②

ドイツの街でよく見かけるもの

・**Fahrkartenautomat**

ドイツの駅などでよく見かける切符自動販売機です。とても大きいです。

・**ICE (Intercity-Express)**

ICEは、ドイツを中心に運行されているヨーロッパの高速列車です。

・**Litfaßsäule**

オペラや劇、コンサート、映画などの催し物を案内する何枚ものポスターがぐるっと周りに貼られた直径約1m、高さ約2.5mの円柱（Säule）で、ドイツの街のあちこちで見かけます。ベルリンの印刷工Ernst Litfaßが考えついたところから、この名前がつけられました。

| ICE | Fahrkartenautomat | Litfaßsäule |

応 用

●応用パターン●

方向を表す前置詞nach, aus, zuは3格と一緒に使われますが、in, an, aufなどは状況によって変わります。woの概念を表す時は3格と、wohinの概念を表す時は4格と一緒に使われます。

Wohin ～?　答え： in / an / auf ＋ 名詞の4格 .

その結果　Wo ～?　答え： in / an / auf ＋ 名詞の3格 .

応用パターンで言ってみよう！　CD-18

Wohin gehst du heute Nachmittag?
ヴォーヒン ゲーストゥ ドゥー ホイテ ナッハミターク

今日の午後、どこに行くの？

答え方　(Ich gehe heute Nachmittag) in den Park / ins Theater / in die Oper.
（今日の午後）公園に／劇場に／オペラ（鑑賞）に行くよ。

Wohin soll ich den Tisch stellen?
ヴォーヒン ゾル イッヒ デン ティッシュ シュテレン

このテーブルをどこに置こうか？

答え方　Stell ihn in den Garten. Wir wollen draußen essen.
庭に置いてくれる。外で食べましょうよ。

Wo bist du heute Nachmittag?
ヴォービストゥドゥー ホイテ ナッハミターク

今日の午後どこにいるの？

答え方　(Ich bin heute Nachmittag) im (= in dem) Park /
im Theater / in der Oper.
（今日の午後）公園に／劇場に／オペラハウスにいるよ。

どこから〜?　どこで〜?　どこへ〜?／Woher 〜?　Wo 〜?　Wohin 〜?

ヴォーシュテートゥ デア ティッシュ
Wo steht der Tisch?

テーブルはどこにあるの？

> 答え方　Er steht im Garten.　庭に置いてあるわ。

⚠ これも知っておこう!

wannとwoの両方の副詞句が文に組み入れられる時には、「時を表す句」が「場所を表す句」よりも先に置かれます。それ以外の副詞句はこの間に置かれます。

主語 ＋ 動詞の活用形 ＋ 時を表す副詞句 ＋ 場所を表す副詞句 ＋ (動詞が必要とすれば) 目的語など ?

デア　ツーク　コムトゥ　　ホイテ　アーベントゥ　ウム ハルプ アハトゥ　　イン　フランクフルトゥ
Der Zug kommt heute Abend um 19.30 Uhr in Frankfurt
アム　マイン　アン
am Main an.

列車は今日の晩7時半にフランクフルト・アム・マインに到着します。

> ワンポイント　heute Abendという大きな単位のほうがum 19.30 Uhrという具体的な小さな単位よりも先に置かれる。

ユーリア トゥリンクトゥ　アム　　ナッハミターク　　ミットゥ イーレム フロイントゥ　イム カフェ
Julia trinkt am Nachmittag mit ihrem Freund im Café
ラウマー　アイネ タッセ カフェー
Laumer eine Tasse Kaffee.

ユリアは午後、彼氏と一緒にカフェ・ラウマーでコーヒーでも一杯飲むのよ。

I これだけは!!　絶対覚えたい重要パターン21

19 どうして～？ ～だから

Warum ～ ? Weil ～

基本フレーズ

Warum kommst du nicht mit?
ヴァルーム　コムストゥ　ドゥー　ニヒトゥ　ミットゥ

どうして一緒に来ないの？

– **Weil** ich heute arbeiten muss.
ヴァイル　イッヒ　ホイテ　アルバイテン　ムス

だって今日は仕事しなくちゃいけないの。

こんなときに使おう！

断りの理由をたずねたり、説明したい時に…

　ドイツ語は他のヨーロッパ言語に比べ、一つ一つの細かなルールにきっちり則って、文が緻密に構築されていく言語です。難しいように聞こえるかもしれませんが、言い換えれば、ルールや構文をしっかり学習すれば、かなりちゃんと相手に伝わる文ができ上がっていきますよ。

　このような言語文化の中で育つドイツ人は、おのずと論理的な思考を大切にし、すぐに『Warum?』（なぜ？どうして？）と理由を知りたがります。根拠や理由は『Weil』（～だから）を使って答えましょう。Weilも副文を導き、動詞が最後に置かれます。

基本パターン

Warum ＋ 動詞の活用形 ＋ 主語 ＋ （動詞が必要とすれば）目的語など ？

– Weil ＋ 主語 ＋ （動詞が必要とすれば）目的語など ＋ 動詞の活用形 ．

基本パターンで言ってみよう！　　CD-19

Warum gehst du so früh ins Bett?

どうしてそんなに早く寝るの？

> 答え方　Weil ich sehr müde bin.
>
> すごく疲れているからよ。

Warum bleibt er heute zu Hause?

どうして彼は今日、家に残っているの？

> 答え方　Weil es heute stark regnet.
>
> 今日はどしゃ降りの雨が降っているからなんだ。

Warum lesen Sie das Buch?

どうしてその本を読んでいるのですか？

> 答え方　Weil es sehr interessant ist.
>
> この本はとてもおもしろいからですよ。

Warum lernt ihr Deutsch?

どうしてドイツ語を学んでいるの？

> 答え方　Weil wir nach Deutschland reisen möchten.
>
> ドイツに旅行に行きたいからだよ。

応用

●応用パターン●

「どうして〜したのですか？」

☆ 動詞によって過去形か現在完了形かを使い分けてください。

● Warum ＋ 動詞(直説法過去形) ＋ 主語 ＋ (動詞が必要とすれば) 目的語など ？

● Warum ＋ 助動詞sein あるいは haben (sein あるいは habenの直説法現在形) ＋ 主語 ＋ (動詞が必要とすれば) 目的語など ＋ 動詞の過去分詞 ？

− Weil ＋ 主語 ＋ (動詞が必要とすれば) 目的語など ＋ 動詞(直説法過去形)

− Weil ＋ 主語 ＋ (動詞が必要とすれば) 目的語など ＋ 動詞の過去分詞 ＋ 助動詞sein あるいは haben (sein あるいは habenの直説法現在形)

応用パターンで言ってみよう！　　CD-19

ヴァルーム　ビストゥドゥー　ゾー　フリュー　インス　ベットゥ　ゲガンゲン
Warum bist du so früh ins Bett gegangen?

どうしてそんなに早く床に就いたの？

答え方　Weil ich sehr müde war.
　　　　すごく疲れていたから。

ヴァルーム　ジントゥ　ジー　ニヒトゥ　ツム　ドイチュウンテリヒトゥ　ゲコメン
Warum sind Sie nicht zum Deutschunterricht gekommen?

なぜドイツ語の授業に来なかったのですか？

答え方　Weil ich krank war.
　　　　病気だったから。

どうして〜？　〜だから／Warum 〜？　Weil 〜

Warum hast du keine Hausaufgaben gemacht?
どうして宿題をやらなかったんだい？

> 答え方　Weil ich keine Zeit hatte.
> 時間がなかったの。

Warum ist der Angestellte zu spät ins Büro gekommen?
なぜそのサラリーマンは仕事に遅刻したのですか？

> ワンポイント　『der Angestellte』サラリーマン

> 答え方　Weil auf der Straße ein langer Stau war.
> 道路が大変渋滞していたからです。

>> ワンポイント　(r)『Stau』交通渋滞

Warum konntet ihr gestern nicht zur Party kommen?
どうして君たち、きのうパーティに来られなかったんだい？

> 答え方　Weil unsere kleine Tochter plötzlich krank geworden ist.
> 幼い娘が急に病気になってしまったから。

I これだけは!!　絶対覚えたい重要パターン21

20 いくつ〜？　何人〜？
Wie viel(e) 〜 ?

基本フレーズ

Wie viel kostet es?
ヴィー フィールコステットゥ エス

おいくらですか？

こんなときに使おう！
お店で値段をたずねる時に…

　『Wie viel(e) 〜 ?』は「〜はどれくらいですか？」という表現です。ものによっては『Wie viel(e)』は単独で疑問詞として使われたり、名詞が後に付いて「いくつの〜？」「どれくらいの〜？」と組み合わせて疑問詞として使われます。その場合に、数えられない名詞で単数でしか使われない時にはwie viel、複数で使われる時にはwie viele という形を取ります。

　上の質問には、例えば『(Es kostet) €12,50 (zwölf Euro fünfzig).』と答えられますが、一つではなく、いくつかまとめて買って「全部でおいくらですか？」とたずねる時には『Wie viel macht es?』という表現が使われます。

●基本パターン●

　『Wie viel』および『Wie viel(e) + 名詞』の部分が、それぞれ副詞（あるいは目的語）になるケース。

Wie viel(e)（+ 名詞） ＋ 動詞の活用形 ＋ 主語 ?

基本パターンで言ってみよう！　　CD-20

Wie viel wiegst du?
体重はどのくらいですか？

ワンポイント　『wiegen』〜の重量、目方がある

答え方　(Ich wiege) 50 Kg.
50キロです。

Wie viel kostet in diesem Hotel ein Doppelzimmer mit Frühstück?
このホテルで朝ご飯付のダブルの部屋に泊まるといくらするの？

Wie viele Kinder haben Sie?
お子さんは何人いらっしゃるのですか？

答え方　(Ich habe) nur einen Sohn.
息子が1人だけです。

Wie viel Zeit hast du heute?
今日どのくらい時間ある？

ワンポイント　『Wie lange hast du Zeit?』とも聞かれる。（パターン21参照）

Wie viele Einwohner hat die Stadt?
この街の人口はどのくらいですか？

Wie viele Sprachen spricht die Frau?
あの女性はいくつ言語を話すのですか？

応 用

●応用パターン1●

「どのくらい〜したのですか？」
☆ 動詞によって過去形か現在完了形かを使い分けてください。

- Wie viel(e) (+ 名詞) ＋ 動詞(直説法過去形) ＋ 主語 ？

- Wie viel(e) (+ 名詞) ＋ 助動詞sein あるいは haben (sein あるいは habenの直説法現在形) ＋ 主語 ＋ 動詞の過去分詞 ？

応用パターン1で言ってみよう！　　CD-20

ヴィー　フィール　ハットゥ　ディー　　ライゼ　　　ゲコステットゥ
Wie viel hat die Reise gekostet?
その旅行はどのくらいの費用がかかったの？

答え方　(Sie hat) insgesamt etwa € 7,000 (gekostet).
　　　　全部で約7,000ユーロかかったよ。

ヴィー　フィーレ　　ミヌーテン　　ハットゥ ジッヒ　デア　　ツーク フェアシュペーテットゥ
Wie viele Minuten hat sich der Zug verspätet?
列車は何分遅れたのですか？

答え方　(Er hat sich) eine halbe Stunde (verspätet).
　　　　30分遅れましたよ。

> ワンポイント　『sich verspäten』「遅れる、遅刻する」という意味の弱変化動詞。分離しないver- という接頭辞が付いているので、過去分詞に ge は入らない。

ヴィー　フィーレ　　レンダー　　ハストゥ ドゥー　ショーン　　ベズーフトゥ
Wie viele Länder hast du schon besucht?
もう何か国を訪れましたか？

いくつ〜？　何人〜？／Wie viel(e) 〜？

答え方　(Ich habe schon) etwa 30 Länder (besucht).
もう約30の国々を訪れました。

> **ワンポイント**　『besuchen』「訪ねる、訪問する」という意味の弱変化動詞。分離しないbe- という接頭辞が付いているので、過去分詞に ge は入らない。

●応用パターン2●

『wie viel(e) + 名詞』が主語になるケース。

Wie viel(e) (+ 名詞) ＋ 動詞の活用形 ＋ (動詞が必要とすれば) 目的語など ？

😀 応用パターン2で言ってみよう！　CD-20

ヴィー　フィール　イストゥ　ドゥライ　マール　フィア
Wie viel ist drei mal vier?

3×4はいくつですか？

答え方　Das ist zwölf.　12です。

ヴィー　フィーレ　エプフェル　ヘンゲン　アン　デム　バウム
Wie viele Äpfel hängen an dem Baum?

この木にりんごが何個なっているの？

答え方　Ich schätze, mindestens 500 Äpfel (hängen dort).
少なくとも、500個はなっていると推測するけれど。

> **ワンポイント**　『schätzen』〜と見積もる
> 『mindestens』少なくとも

ヴィー　フィーレ　シューラー　レルネン　イン　アイナー　クラッセ
Wie viele Schüler lernen in einer Klasse?

1クラス何人の生徒が学んでいますか？

答え方　Im Durchschnitt (lernen) 25 Schüler.
平均すると25人の生徒が学んでいます。

> **ワンポイント**　『im Durchschnitt』平均すると

21 どのくらい（長く）〜？

Wie lange 〜 ?

基本フレーズ

Wie lange dauert es?
ヴィー　ランゲ　ダウエルトゥ　エス

どのくらい時間がかかりますか？

こんなときに使おう！
どのくらい時間がかかるか知りたい時に…

　『Wie lange』は「〜はどれくらい長く〜しますか？」という表現です。langeは副詞で、「長い」という形容詞として使いたい時にはlangになり、eが取れます。

　上の例文の質問も、最初から「何年？」「何か月？」「何週間？」「何日？」「何時間？」「何分？」というように詳しく知りたい時には、パターン20で出てきたwie viel(e) を使って、次のようにたずねましょう。

例　Wie viele Jahre dauert es?　　（何年？）

　　Wie viele Monate dauert es?　（何か月？）

　　Wie viele Wochen dauert es?　（何週間？）

　　Wie viele Tage dauert es?　　（何日？）

　　Wie viele Stunden dauert es?　（何時間？）

　　Wie viele Minuten dauert es?　（何分？）

●基本パターン●

Wie lange ＋ 動詞の活用形 ＋ 主語 ＋ （動詞が必要とすれば）目的語など ？

基本パターンで言ってみよう！ CD-21

Wie lange lernst du schon Deutsch?
どのくらいの期間、ドイツ語を学習していますか？

> 答え方　(Ich lerne) seit zwei Jahren (Deutsch).
> 2年間（ドイツ語を）学んでいます。
>
> ワンポイント　『seit』「〜以来」（パターン60参照）

Wie lange warten Sie schon?
もうどのくらいの時間、待っていますか？

> 答え方　(Ich warte) schon eine halbe Stunde.
> もう30分も待っています。
>
> ワンポイント　『halb』半分の　『eine halbe Stunde』半時間

Wie lange kennt ihr euch schon?
知り合ってもうどのくらいになりますか？

Wie lange haben Sie in dieser Stadt gewohnt?
この街にどのくらい長く住んでいたのですか？

Wie lange dauert es noch, bis das Essen kommt?
食事が運ばれるまで、あとどのくらいかかりますか？

> ワンポイント　『bis』「〜まで」という意味の接続詞。

Wie lange arbeitet Ihre Tochter heute?
今日お嬢さんは何時間、お仕事されるのですか？

応 用

●応用パターン1●

「基本パターン」のlangeのところに別の副詞が入ります。例えば

Wie oft ～?　　　（どのくらい頻繁に、何回くらい？）
Wie weit ～?　　（どのくらい遠くまで？）
Wie gut ～?　　　（どのくらいよく？　どのくらい上手に？）
Wie schnell ～?（どのくらい速く？）

Wie ＋ 副詞 ＋ 動詞の活用形 ＋ 主語 ＋ （動詞が必要とすれば）目的語など ？

応用パターン1で言ってみよう！　　CD-21

ヴィー　オフトゥ トゥライプストゥ ドゥー シュポルトゥ イン　デア　　ヴォッヘ
Wie oft treibst du Sport in der Woche?
週に何回スポーツするの？

答え方　In der Regel viermal in der Woche.　普通、週に4回よ。

ワンポイント　『in der Regel』普通は、通常は

ヴィー　ヴァイトゥ ビストゥ ドゥー バイ　デア　ユーブンク　　　ゲコメン
Wie weit bist du bei der Übung gekommen?
どこまで練習問題は進んだの？

答え方　Bis zur Aufgabe 20.　課題20まで。

ヴィー　グートゥ シュプリヒトゥ ダイン　フロイントゥ　　ドイチュ
Wie gut spricht dein Freund Deutsch?
君の友達はどのくらい上手にドイツ語が話せるんだい？

ヴィー　　シュネル　フェアトゥ ダス　アウト
Wie schnell fährt das Auto?
どのくらいの速度でその自動車は走りますか？

答え方　200 km pro Stunde.　時速200キロです。

どのくらい（長く）〜？／Wie lange 〜？

●応用パターン2●

「基本パターン」のlangeのところに形容詞が入り、その後に動詞 sein が続きます。例えば

Wie hoch 〜？　（どのくらい高い？）

Wie groß 〜？　（どのくらい大きい？）

Wie teuer 〜？　（どのくらい値段が高い？）

Wie schwer 〜？（どのくらい重い？）

> Wie ＋ 形容詞 ＋ seinの活用形 ＋ 主語 ？

☆これらの多くがパターン20のwie viel(e) を使って言い換えられます。

応用パターン2で言ってみよう！　　CD-21

Wie hoch ist der Berg Fuji?
（ヴィー　ホーッホイストゥ デア　ベルク　フジ）

富士山ってどのくらい高いの？

答え方　Er ist 3.776 m hoch.　3,776mあるよ。

Wie groß ist deine Wohnung?
（ヴィー　グロースイストゥ ダイネ　ヴォーヌンク）

(= Wie viel Quadratmeter hat deine Wohnung?)
（ヴィー フィール クヴァドゥラートゥメーターハットゥ ダイネ　ヴォーヌンク）

君の家（マンション）って、どのくらい大きいの？

答え方　Sie ist 75 m^2 groß.　75m^{2}あるわ。

Wie teuer ist dieser Mercedes?
（ヴィー　トイヤーイストゥディーザー　メルツェーデス）

(= Wie viel kostet dieser Mercedes?)
（ヴィー フィール コステットゥ ディーザー　メルツェーデス）

この（メルセデス・）ベンツはいくらするのですか？

答え方　Er kostet € 35,000.　35.000ユーロします。

使える!
頻出パターン 51

Teil II

22 どの〜? どちらの〜?

Welch(er/e/es) 〜?

基本フレーズ

Welches Bier ist Weizenbier?
ヴェルヒェス　ビア　イストゥ　ヴァイツェンビア

どのビールがヴァイツェンビアですか？

こんなときに使おう!
ドイツ独特のビールを飲んでみたい時に…

『welch-』は「どの〜? どちらの〜?」という疑問詞です。普通『welch-』は冠詞として機能し、定冠詞 der, die, das の活用に準じます。

「どのビールがおすすめですか？（どのビールをすすめられますか？）」という文なら『Welches Bier empfehlen Sie?』となり、Bierはdas Bier（中性名詞）なので、主格（1格）の場合も対格（4格）の場合も形が変わりません。けれども、それがワインだったらder Wein（男性名詞）なので、主格（1格）の場合は語尾に -er、対格（4格）の場合には -enが付きます。※ Bierについてはコラム④（p149）を参照

Welch**er** Wein ist aus dem Rhein-Gebiet?
（どのワインがライン産ですか？）

Welch**en** Wein empfehlen Sie?
（どのワインがおすすめですか？／どのワインをすすめられますか？）

●基本パターン●

| Welch(er / e / es) | ＋ | 名詞 | ＋ | 動詞 | ＋ | 動詞が必要とする他の要素 | ？ |

| Welch(en / e / es) | ＋ | 名詞 | ＋ | 動詞 | ＋ | 主語 | ？ |

どの〜？ どちらの〜？／Welch(er/e/es) 〜？

基本パターンで言ってみよう！　　CD-22

Welcher Zug fährt nach Berlin?
どの列車がベルリンに行くのですか？

答え方　Der ICE auf Gleis 4 (fährt nach Berlin).
　　　　4番線のICEです。

Welchen Mann möchtest du heiraten?
どちらの男性と結婚したいの？

答え方　Den Mann links (möchte ich heiraten).
　　　　左側の男性と（結婚したいの）。

ワンポイント　heiraten（結婚する）という動詞は4格の目的語を取り、mitと一緒に使われないので注意。

Welche Sprachen spricht Frau Yamaki?
山木さんはどんな言語を話しますか？

答え方　(Sie spricht) Japanisch, Deutsch, Englisch und Spanisch.
　　　　日本語、ドイツ語、英語、そしてスペイン語（を話します）。

Welche Stadt gefällt Ihnen in Deutschland besonders gut?
ドイツではどの街が特に気に入っていますか？

答え方　Münster gefällt mir besonders gut.
　　　　特にミュンスターが好きです。

ワンポイント　gefallenは「何かが誰かに気に入る」という非分離動詞で、普通は物が主語になり、人を表す3格を目的語に伴う。（パターン36参照）

23 何時に〜？

Um wie viel Uhr 〜 ?

基本フレーズ

ウム　ヴィー　フィール　ウーア　フェンクトゥ　ダス　コンツェルトゥ　アン
Um wie viel Uhr fängt das Konzert an?
何時にコンサートは始まりますか？

こんなときに使おう！
イベントの開始時間を知りたい時に…

「いつ？」とたずねたい時には『wann』という疑問詞が使われますが、『um wie viel Uhr 〜 ?』は、前置詞、疑問詞『wie viel』、名詞を組み合わせて「何時に？」と詳しく時間を問う表現です（パターン17, 21参照）。

基本フレーズの問いには、次のように答えましょう。

– Um sieben (Uhr) am Abend (fängt das Konzert an).
　夕方の（午後）7時（に始まります）。

– Um halb elf am Vormittag (fängt das Konzert an).
　午前10時半（に始まります）。

– Um Viertel vor drei am Nachmittag (fängt das Konzert an).
　午後2時45分（に始まります）。

ワンポイント vor は「前」、nach は「後」という意味。

●基本パターン●

Um wie viel Uhr ＋ 動詞 ＋ 主語 ＋ （動詞が必要とすれば）目的語など ?

Wie spät ＋ ist ＋ es ?

何時に～？／Um wie viel Uhr ～?

基本パターンで言ってみよう!　　　CD-23

Um wie viel Uhr stehst du normalerweise auf?
(ウム ヴィー フィール ウーア シュテーストゥドゥー ノルマーラーヴァイゼ アウフ)

たいてい何時に起きるの？

> **ワンポイント**　『normalerweise』普段は、いつもは、たいてい
> （パターン55参照）

Um wie viel Uhr frühstückst du?
(ウム ヴィー フィール ウーア フリューシュトゥックストゥ ドゥー)

何時に朝ご飯を食べるの？

Um wie viel Uhr gehst du zur Arbeit?
(ウム ヴィー フィール ウーア ゲーストゥ ドゥー ツア アルバイトゥ)

何時に仕事に出かけるの？

Um wie viel Uhr gehst du ins Bett?
(ウム ヴィー フィール ウーア ゲーストゥ ドゥー インス ベットゥ)

何時に寝るの？

Um wie viel Uhr fährt der nächste Zug ab?
(ウム ヴィー フィール ウーア フェアトゥ デア ネーヒステ ツーク アップ)

何時に次の列車は出発しますか？

これも知っておこう!

「今、何時ですか？」と聞きたい時には『Wie spät ist es ?』という表現を使います。この時には最初のumを取って、次のように答えましょう。

例　**(Es ist) sieben (Uhr) am Abend.**　夕方の(午後)7時です。
(エス イストゥ ジーベン ウーア アム アーベントゥ)

　　(Es ist) halb elf am Vormittag.　午前10時半です。
(エス イストゥ ハルプ エルフ アム フォアミタ-ク)

II 使える！頻出パターン51

これも知っておこう！　——時刻、時間の表し方

　ドイツ人は時刻を数字で表す時に「〜時」と「〜分」の間に普通、一つしか点を打ちません。

　また、日本語や英語では、午前・午後の区別しかされませんが、ドイツ語では一日の時刻がもっと細かに分けられます。「〜時」を表すUhrは長針が12に来る「〜時」というきっちりした時刻の時のみ口頭でも用いられますが、よく省略もされます。それ以外の時刻でもUhrは必ず書かれますが、口にされることはありません。

　ドイツ語での時刻の表現は、いつも「分」から始めると覚えましょう！

8.00 Uhr	acht (Uhr) am Morgen
9.00 Uhr	neun (Uhr) am Vormittag
8.55 Uhr	fünf vor neun am Vormittag
9.05 Uhr	fünf nach neun am Vormittag
9.15 Uhr	Viertel nach neun am Vormittag

ワンポイント　『Viertel』4分の1、つまり15分のこと

9.30 Uhr	halb zehn am Vormittag
9.25 Uhr	fünf vor halb zehn am Vormittag
9.35 Uhr	fünf nach halb zehn am Vormittag

ワンポイント　この2つはドイツ語独特の表現で、30分を軸にして、それより5分前か5分後か表現される。

12.30 Uhr	halb eins am Mittag
16.10 Uhr	zehn nach vier am Nachmittag
19.30 Uhr	halb acht am Abend
23.15 Uhr	Viertel nach elf in der Nacht

eine Stunde	1時間
zwei Stunden	2時間
eine viertel Stunde	4分の1時間、すなわち15分
eine halbe Stunde	半時間、すなわち30分

eineinhalb Stunden	1時間半
dreieinhalb Stunden	3時間半

> **ワンポイント** 『-einhalb』-のところに数を入れると「～半」、すなわち、その数＋0.5 を表す。

(Es ist) genau halb neun.	ちょうど8時半です。
genau um halb neun	8時半きっかりに
(Es ist) etwa halb neun.	だいたい8時半です。
gegen halb neun	8時半頃に
(Es ist) gleich halb neun.	もうすぐ8時半です。
gleich um halb neun	もうすぐ8時半に
kurz vor halb neun	8時半ちょっと前に
kurz nach halb neun	8時半ちょっと過ぎに
von halb neun bis zehn	8時半から10時まで
(Es ist) Mitternacht.	真夜中です。
um Mitternacht	真夜中に

コラム ③

　列車の発車時刻などが正確に伝わるようにアナウンスされなければならない駅などの公共の場では、一番わかりやすい形で左から右に何時何分と言われます。例えば「午後10時半」というのは、日常生活では12時間単位で『halb elf am Abend』と表現されますが、駅では24時間単位で『22 Uhr 30』とアナウンスされます。

　「10時半」をドイツ語ではなぜ『halb elf』と表現されるのか不思議に思われるでしょうが、水槽を思い浮かべてみるとわかりやすいでしょう。つまり、一杯に水を注ぐと目盛が11になるところの半分しか水が入っていないと考えてください。

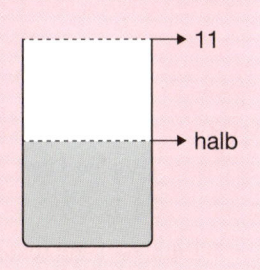

24 〜をありがとう！

Danke für 〜！

基本フレーズ

Danke für deine Hilfe!
ダンケ フュア ダイネ ヒルフェ
助けてくれてありがとう！

こんなときに使おう！
助けてもらったことにお礼を述べたい時に…

『Danke』は、何かに対して感謝を述べる表現です。

もっと気持ちを込めて丁寧に言いたい時には『Danke schön!』あるいは『Vielen Dank für 〜 !』と述べましょう。それぞれ『Ich danke Ihnen für 〜 / Ich spreche Ihnen für 〜 vielen Dank aus.』が短縮された形です。『Danke schön!』はこの短縮された形のみで使われ、『Danke!』よりも丁寧な表現です。

『Ich bin Ihnen für 〜 dankbar』という表現もありますが、これは、あらたまって「あなたが〜してくださってありがたく思っています」とか、wennと一緒に使われて「あなたが〜してくださったらありがたいのですが…」と述べる時によく使われ（パターン39参照）、その場ですぐにお礼を言う表現ではありません。

もちろんfür 〜 を省いて『Danke! / Danke schön! / Vielen Dank!』と短くお礼を述べることもできます。ただ『Danke』だけでは、すすめられたものを断る時にも使われますから注意してください。

『Danke / Vielen Dank für deine Hilfe!』とお礼を言われたら、次のように答えましょう。すべて「どういたしまして」という意味です。

– Bitte. / – Bitte schön. / – Bitte sehr. / – Nichts zu danken. /
– Keine Ursache. / – Gern geschehen.

~をありがとう！／Danke für ~！

● 基本パターン ●

Danke / Vielen Dank für ＋ 名詞の4格 ！

基本パターンで言ってみよう！　　CD-24

Danke für deine E-Mail!
ダンケ フュア ダイネ イーメイル

Ｅメールをありがとう！

Danke schön für dein nettes Geburtstagsgeschenk!
ダンケ シェーン フュア ダイン ネッテス ゲブルツタークスゲシェンク

すてきな誕生日プレゼントをありがとう！

ワンポイント (s)『Geschenk』プレゼント

Vielen Dank für Ihre freundliche Einladung!
フィーレン ダンク フュア イーレ フロイントゥリッヒェ アインラードゥンク

ご親切にお招きくださってありがとうございます！

ワンポイント (e)『Einladung』強変化の分離動詞ein/laden（招待する）の名詞形。

Herzlichen Dank für Ihre Mühe!
ヘルツリッヒェン ダンク フュア イーレ ミューエ

ご尽力くださって、心よりお礼申し上げます。

ワンポイント (e)『Mühe』苦心、努力

Danke, dass du gekommen bist!
ダンケ ダス ドゥー ゲコメン ビストゥ

来てくれてありがとう！

25 〜してごめんなさい

(Es) tut mir leid, dass 〜

基本フレーズ

(Es) tut mir leid, dass ich nicht zur Party kommen kann!
エス トゥートゥ ミア ライトゥ ダス イッヒ ニヒトゥ ツア パーティ コメン カン

パーティに行けなくてごめんなさい！

こんなときに使おう！
誘われたのに行けなくて、謝りたい時に…

謝りたい気持ちを述べる時に、これ以外に『Entschuldige, dass 〜』という表現があります。明らかに自分に非があって、相手にきっちり謝罪しなければいけない状況では、本来は『Entschuldige, dass 〜』あるいは敬称を使って『Entschuldigen Sie, dass 〜』と述べるべきです。これらの表現は『dass』で導かれる副文を伴わないで、独立しても使われます。

『Es tut mir leid!』という表現は、本来は「遺憾に思います」という気持ちを表します。この意味で、相手の体調が悪かったり災難があった時などには『Es tut mir leid!』と言いましょう。よくパターン48で扱っている『Schade!』と間違って使われますので注意しましょう！

『(Es) tut mir leid, dass 〜 ; Entschuldige, dass 〜 !』あるいは敬称で『Entschuldigen Sie, dass 〜 !』と謝られたら、状況に応じて次のように答えましょう。これらは口語で使われ、敬称に対しても使えます。

 – Kein Problem. 　　　（何てことありません）（パターン46参照）

 – Das macht nichts. （大丈夫だよ）　　　　　（パターン46参照）

 – Das ist nicht so schlimm. （大丈夫ですよ）

 – Schon gut. 　　　　（もう気にしなくていいよ）

～してごめんなさい／(Es) tut mir leid, dass ～

● 基本パターン ●

(Es) tut mir leid, dass ＋ 副文 / Tut mir leid!

Entschuldige, dass ＋ 副文 / Entschuldige!

基本パターンで言ってみよう! CD-25

Entschuldigung, wie komme ich zum Bahnhof?
すみません、駅にどうやって行ったらよいのですか？

答え方 Tut mir leid. Das weiß ich auch nicht.
　　　　ごめんなさい！　私にもわかりません。

ワンポイント　軽く「すみません」と声をかける時はEntschuldigungを使う。

Entschuldige, dass ich dir nicht helfen kann!
お手伝いできなくてごめんなさいね！

Entschuldigen Sie, dass ich Sie gestern nicht angerufen habe!
昨日、電話できなくてすみませんでした！

Tut mir leid, dass ich mich lange nicht gemeldet habe!
ご無沙汰して申し訳ありません！

ワンポイント　『sich melden』（電話やメールなどで）連絡する

Entschuldigen Sie, dass ich mich verspätet habe!
遅刻してしまって申し訳ありません！

26 ～をどう思う?

Wie findest du ～ ?

基本フレーズ

Wie findest du die Idee?
ヴィー フィンデストゥ ドゥー ディー イデー
このアイデアをどう思う?

こんなときに使おう!
友達と何をしようかと話し合っている時に…

　『Wie findest du ～ ?』は「～をどう思う?」と相手の感想をたずねる表現です。

　このように聞かれたら、パターン9で扱っているように『Ich finde es schön, dass ～』と副文を導く接続詞dass を使って詳しく答えてもいいですが、『Ich finde, ～ ist 形容詞』(～に入る名詞は1格)、あるいは、もっと短く『Ich finde ～ 形容詞』(～に入る名詞は4格)と簡単に答えることができます。もちろん、形容詞だけ答えてもいいですし、もっと自由に意見や感想を述べてもよいでしょう。

　他に「～をどう思う?」とたずねたい時に『Was hälst du von ～ ?』という表現が使えます。こう聞かれても、上と同じように答えてもよいでしょう。halten という動詞を使って『Ich halte viel davon.』と答えると「大いに評価するよ」という意味になりますし、逆に『Ich halte wenig davon.』あるいは『Ich halte nichts davon.』というと、「全然評価しない、全くダメ」ということになります。

　上のように聞かれたら、例えば次のように答えましょう。

– Sehr gut!(すばらしい!)/ – Ich finde die Idee gut.(いいと思うよ)

– Ich finde, das ist eine gute Idee. (いいアイデアだと思う)

– Ich halte viel von der Idee. (そのアイデアおおいに評価するよ)

~をどう思う？／Wie findest du ～？

● 基本パターン ●

Wie ＋ findenの活用形 ＋ 主語 ＋ 名詞の4格 ？

Was ＋ haltenの活用形 ＋ 主語 ＋ 前置詞 von ＋ 名詞の3格 ？

haltenの現在形の人称変化

ich (私)	du (あなた・君 〔親称〕)	er / sie / es (彼／彼女／それ)	wir (私たち)	ihr (あなたたち・ 君たち)	sie / Sie (彼ら／ あなた〔敬称〕)
halt-e	hält-st	hält	halt-en	halt-et	halt-en

基本パターンで言ってみよう！　　CD-26

ヴィー　フィンデストゥ　ドゥー　ダス　ホテル
Wie findest du das Hotel?

そのホテルどう？

答え方　Man kann hier gut wohnen.
　　　　居心地よいホテルだよ。

ヴィー　フィンデットゥ　イヤ　ウンザー　ハウス
Wie findet Ihr unser Haus?

僕たちの家をどう思う？

答え方　Wir finden es gemütlich.
　　　　くつろげて、ホッとできる家だね。

ワンポイント　『gemütlich』くつろげてホッとできる、アットホームな、居心地が良い、ゆったりとした
※どの外国語でも一言では言い表せない特別のドイツ語と言われている。

Wie finden Sie meine neue Frisur?

私の新しいヘアスタイルをどう思われます？

> 答え方　Ich finde sie schick! Sie steht Ihnen.
> かっこいいですね！　お似合いです。
>
> > ワンポイント　『～ steht Ihnen (gut)』～に似合っている
> > （パターン37参照）

Was hältst du von diesem Projekt?

このプロジェクトをどう思う？

Was haltet ihr von der Fernsehsendung?

あなたたち、このテレビ番組をどう思う？

Was halten Sie *davon, dass die Verbrauchssteuern in Japan auf 8 ％ gestiegen sind?

日本では消費税が8％に上がったのをどう評価されますか？

> ワンポイント　(e)『Verbrauchssteuer』消費税
> 　　　　　　　((r)『Verbrauch』は消費、(e)『Steuer』は税金)

※ドイツでMehrwertsteuer（付加価値税）と呼ばれる税がこれにあたります。davon を置くことによって、副文dassを導き、文で表現することができます。

⚠ これも知っておこう！ ——髪型・色・模様・衣服

【髪型】

lange Haare	ロングヘア	offene Haare	下ろした髪
kurze Haare	ショートヘア	hochgesteckte Haare	アップした髪
gebundene Haare	束ねた髪	Haare mit Dauerwelle	パーマをかけた髪

【色】

schwarz	黒い	grün	緑の
weiß	白い	braun	茶色い
rot	赤い	grau	灰色の
blau	青い	violett	紫の
gelb	黄色い	rosa	桃色の、ピンクの

【模様】

gestreift	縞模様の	kariert	チェック柄の
gepunktet	水玉模様の	geblümt	花柄の

【衣服】

(s) Kleid	ワンピース、ドレス	(e) Krawatte	ネクタイ
(e) Bluse	ブラウス	(r) Gürtel	ベルト
(r) Rock	スカート	(Pl) Schuhe	靴
(e) Hose	ズボン	(Pl) Stiefel	ブーツ
(s) Hemd	ポロシャツ、ワイシャツ	(Pl) Socken	ソックス
(s) T-Shirt	Tシャツ	(e) Strumpfhose	タイツ
(r) Pullover	セーター	(s) Halstuch	スカーフ
(r) Sakko	通常男性物のブレザー	(e) Jacke	ジャケット、カーディガン
(r) Blazer	通常女性物のブレザー	(r) Mantel	コート
(r) Anzug	背広、パンツスーツ	(r) Hut	つばのある帽子
(s) Kostüm	スーツ（スカートとの組み合わせ）	(e) Mütze	つばのない帽子

Ⅱ 使える！頻出パターン51

27 ～してはいかがですか ～などいかがですか?

Wie wäre es mit ～ ?

> 基本 フレーズ
>
> ヴィー ヴェーレ エス ミットゥ デム コメンデン
> **Wie wäre es mit dem kommenden**
> ゾンターク
> **Sonntag?**
> 今度の日曜日なんていかが?
>
> こんなときに使おう!
>
> 約束の日取りを決めたい時に…

ワンポイント 『der kommende』今度の。der nächste と同じ意味。

『Wie wäre es mit ～ ?』は、何かをすすめたり、都合などをたずねたりする時に使えるとても便利な表現です。mitの後には普通、名詞が置かれますが、Wie wäre es の後に、「もし～だったら」という意味を表す、wennで始まる副文が導かれることもあります。

『wäre』という形は、パターン39でも出てきますが、動詞seinの接続法Ⅱの形です。婉曲に表現したい時に使われます。

上のように聞かれたら、例えば次のように答えましょう。

- Es passt mir gut.　　　　　（都合いいよ）
- Der Termin ist mir günstig.　（その期日は都合いいよ）
- Da habe ich Zeit.　　　　　（その日は時間あるよ）
- Ich habe am Sonntag leider keine Zeit.
  （残念ながら日曜日は時間ないんだ）

● 基本パターン ●

Wie ＋ wäre ＋ es ＋ mit ＋ 名詞の3格 ?

~してはいかがですか　~などいかがですか？／Wie wäre es mit ~？

sein の接続法Ⅱ wären の人称変化

ich (私)	du (あなた・君 〔親称〕)	er / sie / es (彼/彼女/それ)	wir (私たち)	ihr (あなたたち・ 君たち)	sie / Sie (彼ら／ あなた〔敬称〕)
wäre-**X**	wäre-**st**	wäre-**X**	wäre-**n**	wäre-**t**	wäre-**n**

基本パターンで言ってみよう！　　CD-27

ヴィー　ヴェーレ　エス ミットゥ フィア ウーア　　ダ　ハーベン ヴィア ノッホ　アイネン テルミーン フライ
Wie wäre es mit vier Uhr ? Da haben wir noch einen Termin frei.

4時などいかがですか？　そこならまだ空いていますよ。

ヴィー　ヴェーレ　エス ミットゥ　　ユーバーモルゲン　　ダ　ビン イッヒ ツー　ハウゼ
Wie wäre es mit übermorgen ? Da bin ich zu Hause.

あさってはいかが？　その日なら家にいるわ。

ヴィー　ヴェーレ　エス ミットゥ　アイナー　　タッセ　　カフェー
Wie wäre es mit einer Tasse Kaffee?

コーヒーなど一杯いかが？

ヴィー　ヴェーレ　エス ミットゥ　アイナー　　ライゼ　　ナッハ　　マジョルカ
Wie wäre es mit einer Reise nach Mallorca?

マジョルカ島へご旅行などされてはいかがでしょうか？

> **ワンポイント**　Mallorca はドイツ人が好んで休暇を過ごす、地中海に浮かぶスペインの島。あまりにも多くのドイツ人観光客が訪れるので、「ドイツ第17番目の州」などと揶揄して呼ばれたりしている。

ヴィー　ヴェーレ エス　ヴェン　ヴィア ホイテ アーベントゥ　　ツザメン　　　タンツェン　ゲーエン
Wie wäre es, wenn wir heute Abend zusammen tanzen gehen?

今晩、一緒に踊りに行くなんてどうだい？

28 〜おめでとう!
Herzlichen Glückwunsch zu 〜!

基本フレーズ

ヘルツリッヒェン　グリュックヴンシュ　ツム　ゲブルツターク
Herzlichen Glückwunsch zum Geburtstag!
お誕生日おめでとう!

こんなときに使おう!
友人の誕生日にお祝いを言いたい時に…

ワンポイント　「〜歳のお誕生日おめでとう!」ときっちり表現したかったら、序数を使って、例えば『Herzlichen Glückwunsch zu deinem 25. (fünfundzwanzigsten) Geburtstag!(25歳(25回目)のお誕生日おめでとう!)』と言いましょう!

これは元々『Ich spreche Ihnen einen herzlichen Glückwunsch aus.(心からあなたにおめでとうと申し上げます)』という文が短縮された形です。ですから、Glückwunschは4格で使われ、形容詞の語尾にenが付いています。他にも、「おめでとうを言う、祝福する」という意味で日常生活にもよく使われる動詞gratulierenとbeglückwünschenがあり、それぞれ次のように使われます。

例　Ich gratuliere dir zum / zu deinem Geburtstag.
　　※おめでとうを言いたい相手は3格に置かれます。
　　Ich beglückwünsche dich zum / zu deinem Geburtstag.
　　※おめでとうを言いたい相手は4格に置かれます。

いずれの場合も、「〜のことを祝福する」というこれらの動詞は、「〜のことを」という箇所に前置詞 zu を必要とします。

上のように祝福されたら、パターン24で出て来たように『Danke! / Danke schön! / Vielen Dank!』と答えましょう。

～おめでとう！／Herzlichen Glückwunsch zu ～！

●基本パターン●

Herzlichen Glückwunsch (＋ zu ＋ 名詞の3格)！

基本パターンで言ってみよう！　　CD-28

Herzlichen Glückwunsch zu eurer Verlobung!
ご婚約おめでとうございます！

Wir gratulieren euch ganz herzlich zu eurer Vermählung!
ご結婚おめでとうございます！

> ワンポイント　Vermählungは「結婚」を表す、少しあらたまった表現で祝福の言葉としてよく使われる。平易な表現では『Herzlichen Glücklichwunsch zur / zu eurer Hochzeit!』が使われる。

Ich beglückwünsche dich zur bestandenen Prüfung!
試験合格おめでとうございます！

> ワンポイント　『bestanden』「合格する」という意味の非分離動詞bestehenの過去分詞。(e)『Prüfung』試験（Testよりも大きな試験）

Herzlichen Glückwunsch zur Geburt eures süßen Babys!
かわいい赤ちゃんのお誕生おめでとうございます！

Herzlichen Glückwunsch zum Muttertag!
母の日おめでとう！

> ワンポイント　ドイツでは「母の日おめでとう！」の後によく『Vielen Dank, Mutter!（お母さん、ありがとう！）』が付け足される。

29 ～をうれしく思う、～を喜ぶ

Ich freue mich über ～

基本 フレーズ

イッヒ フロイエ ミッヒ ジー ケネンツーレルネン
Ich freue mich, Sie kennenzulernen!
お知り合いになれてうれしいです。

こんなときに使おう！
パーティなどで誰かと知り合った時に…

---

　freuenは元々「喜ばせる」という意味で4格の目的語を伴います。この4格の目的語を自分自身sichにすれば「自分自身を喜ばせる」、つまり「喜ぶ」という意味になります。再帰代名詞sichは下の表のように、主語に合わせて形が変化します。その後に前置詞über が付いて、「～を喜ぶ」という表現になります。

　多くの場合、über はdarüberと形を変えて、その内容を説明する zu 不定詞句やdassで導かれる副文が続きます。その際に、主語が変わらなければzu不定詞句が置かれ、副文の主語が最初の主文の主語と異なっている場合にはdass-Satzが置かれます。ほとんどの場合darüberは省かれます。（「基本パターンで言ってみよう！」参照）

　また、esを主語として、喜ぶ人が4格の目的語になり、esがzu不定詞句やdass-Satzの内容を説明する表現もよく使われ、基本フレーズは『Es freut mich, Sie kennenzulernen!』とも表現できます。打ち解けた雰囲気では『Freut mich!』という短縮された形もよく使われます。

　プレゼントをもらった時に、パターン24で出て来たように、『Danke! / Danke schön! / Vielen Dank!』と答えればよいですが、その後に続けて『Es freut mich!』と言えばもっとうれしい気持ちが伝わるでしょう。

~をうれしく思う、~を喜ぶ／Ich freue mich über ~

● 基本パターン ●

主語 + freuenの活用形 + 再帰代名詞 + 前置詞 über + 名詞の4格 .

sich freuenの現在形の人称変化

ich (私)	du (あなた・君 〔親称〕)	er / sie / es (彼／彼女／それ)	wir (私たち)	ihr (あなたたち・ 君たち)	sie / Sie (彼ら／ あなた〔敬称〕)
freu-e mich	freu-st dich	freu-t sich	freu-en uns	freu-t euch	freu-en sich

基本パターンで言ってみよう！　　　CD-29

イッヒ　フロイエ　ミッヒ　ユーバー　ダス　ゲシェンク
Ich freue mich über das Geschenk.

プレゼント、うれしいわ。

イッヒ　フロイエ　ミッヒ　ユーバー　ディー　グーテ　ノーテ
Ich freue mich über die gute Note.

良い成績が取れてうれしいです。

> ワンポイント　(e)『Note』には「音符」という意味もあるが、ここでは「成績」を意味する。

エア フロイトゥ ジッヒ ユーバー イーレン　ベズーフ
Er freut sich über ihren Besuch.

彼女の訪問を彼は喜んでいます。

Ⅱ 使える！頻出パターン51

Wir freuen uns über den Sieg der deutschen Nationalmannschaft in der Fußballweltmeisterschaft.

ドイツのナショナルチームがサッカーワールドカップで優勝してうれしいです。

> **ワンポイント** (e)『Nationalmannschaft』ナショナルチーム
> (e)『Fußballweltmeisterschaft』は「サッカーワールドカップ」のこと。2014年のブラジル大会では、ドイツは見事24年ぶりに4回目のチャンピオンの座を獲得した。

Unser Sohn hat geheiratet. **Das freut uns** sehr!
(= **Wir freuen uns, dass** unser Sohn geheiratet hat.)

息子が結婚しました。私たちはそのことをとても喜んでいます。

Ich freue mich, wieder etwas von dir **zu** hören.

また君から便りがあってうれしいよ。

Mein Mann und ich freuen uns, dass unsere Freunde aus Deutschland kommen.

友達がドイツから来てくれるのを、夫も私も喜んでいます。

ひとことメモ

ドイツでは、家庭に招かれることは名誉なことであり、喜ばしいことです。その時にはワインや花が手土産として手渡されるのが一般的です。ホームメードのケーキなどもとても喜ばれます。

コラム ④

ドイツのいろいろなビール

・Pilsner

チェコのボヘミア地方の街、ピルゼンを発祥とするビールの醸造スタイル。淡色の下面発酵ビールで、他の醸造スタイルと比べてホップの含有量が高く、苦みと香りが高いのが特長です。日本の大手メーカーのビールはすべてこのピルスナーです。略してPilsとも呼ばれます。

・Weizenbier

Pilsnerに対して、小麦の割合を高めて醸造したビールが「小麦ビール」であり、通常、上面発酵です。背がうんと高く、底が狭くて飲み口がわずかに広がった細長い形のビールグラスに注がれるのが特長です。

個人的なコメントですが、苦いビールよりもワインが大好きな私にも、このWeizenbierはまろやかで、のど越しもやわらかです。

30 すべてうまく行くように！

Alles Gute (für ～)！

基本フレーズ

Alles Gute für die Zukunft!
アレス　グーテ　フュア ディー ツークンフトゥ

卒業おめでとう！　明るい未来が開けますように！

こんなときに使おう!
卒業祝いの言葉として…

　これは元々『Ich wünsche Ihnen alles Gute（あなたにすべての良いことを祈ります）』という文が短縮された形です。日本語にする時は、使う場面によって、いろいろな表現になります。

　『Alles Gute!』だけで独立して、よく別れ際に「お元気で！／ごきげんよう！／お幸せに！」といった願いを込めて言われます。その後にfürが付くと、für以下のことがすべてうまく行くようにという願いになります。短い表現ですが、シチュエーションに合わせて使えば、多くの願いが込められているので、とても便利な喜ばれる表現です。

　alles は「すべてのもの」を表す不定代名詞です。この後に形容詞が続いて「すべての～なもの」と表現する時には、その形容詞の最初の文字を大文字で書き、語尾には e が付きます。

　上のように祝福されたらパターン24で出て来たように『Danke! / Danke schön! / Vielen Dank!』と答えましょう。

●基本パターン●

Alles Gute ＋ 前置詞 für ＋ 名詞の4格 ．

すべてうまく行くように！／Alles Gute（für ～）！

基本パターンで言ってみよう！　CD-30

Alles Gute für dein Studium!
大学での勉強がうまく進みますように！

Alles Gute für die Prüfung!
試験がうまく行きますように！

Alles Gute für die Operation!
手術がうまく行きますように！

Alles Gute für Ihr Projekt!
プロジェクトがうまく行きますように！

Alles Gute für Ihr Eheleben!
お幸せな結婚生活を送られますように！

Alles Gute für Ihr Berufsleben!
充実した職業生活になりますように！

Alles Gute für den neuen Start!
仕事で良いスタートが切れますように！

Alles Gute für eure gemeinsame Zukunft!
お二人の幸せな未来をお祈りしています！

ワンポイント　『gemeinsam』「共通の、共同の」という意味の形容詞。

31 ～で安心した

Ein Glück, dass ～

基本フレーズ

アイン グリュック　ダス　ディア　ニヒツ　パシエルトゥ イストゥ
Ein Glück, dass dir nichts passiert ist.
あなたが無事で安心したわ。

こんなときに使おう！
よくない知らせなどを聞いて、ハラハラした時に…

　この表現は『Es ist ein Glück, dass ～』というのが全文で、dass以下の内容はein Glück（幸運）、つまり「ラッキーである」という意味です。この表現を使いながら胸をなでおろすシーンが目に浮かびます。
　また、「やれやれ」という安堵する度合いは上に比べると低いですが、「幸いにも、幸運なことに」という非常によく似た意味で『zum Glück』という副詞がとてもよく使われます。例えば、上の例文を次のように言い換えることもできます。

　Zum Glück ist dir nichts passiert. Ich bin froh darüber.
　（あなたが幸いにも無事で良かった）

基本パターン

Ein Glück ， dass ＋ 副文 ．

～で安心した／Ein Glück, dass ～

基本パターンで言ってみよう！　　　　　　　　　CD-31

アイン　グリュック　ダス　イッヒ　ディッヒ　アム　テレフォン　エアライヒェン　カン
Ein Glück, dass ich dich am Telefon erreichen kann!
君に電話がつながってよかった！

アイン　グリュック　ダス　ジー　カイン　フィーバー　メア　ハーベン
Ein Glück, dass Sie kein Fieber mehr haben!
熱が下がって一安心ですね！

アイン　グリュック　ダス　ジー　イヤ　ポルテモネー　ヴィーダー　ハーベン
Ein Glück, dass Sie Ihr Portemonnaie wieder haben!
お財布が見つかって、本当に良かったですね！

アイン　グリュック　ダス　ディ　バンク　ノッホ　アウフイストゥ
Ein Glück, dass die Bank noch auf ist!
銀行がまだ開いていて、救われたよ！

これも知っておこう！

さらに、よく似た表現で『Glück gehabt!（ついてるね！　助かった！）』という言い回しがよく用いられます。これは元々「主語 + 助動詞habenの活用形 + Glück + gehabt（動詞habenの過去分詞）」という文の最後の部分だけが使われています。

例
イッヒ　ビン　ツー　シュペートゥ　アム　バーンホーフ　アンゲコメン　デア　ツーク
Ich bin zu spät am Bahnhof angekommen. Der Zug
ハッテ　アーバー　アオホ　フェアシュペートゥンク　ダーヘア　コンテ　イッヒ　イーン
hatte aber auch Verspätung, daher konnte ich ihn
ネーメン　グリュック　ゲハープトゥ
nehmen. Glück gehabt!
僕は駅に時間に遅れて到着したけれど、列車にも遅れが出ていたから乗ることができたんだ。助かった！

ワンポイント　(e)『Verspätung』遅れ、遅延、遅刻　※パターン20で出てくる『sich verspäten』（遅れる）の名詞形。

153

32 ～楽しんできてね

Viel Spaß bei ～

基本フレーズ

Viel Spaß beim Konzert!
フィール シュパース バイム コンツェルトゥ
コンサート、楽しんできてね！

こんなときに使おう！
友達からコンサートに行くと聞いた時に…

　上の例文は『Viel Spaß!（楽しいひと時を！）』と短く言うこともでき、むしろ一般的にはこの短い形が頻繁に使われます。この表現は、敬称Sieに対しても、親称duおよびihrに対しても問題なく使えるので、とても便利です。とても短く簡単で、しかも、この表現を言ってもらえると、とてもうれしい気持ちになるので重宝します。

　また多くの場合、動詞を名詞化して『bei』の後に置かれます。さらに、どこで楽しむのか、その場所を挙げることもとても多いです。

　上のように言葉をかけてもらったら、パターン24で出て来たように『Danke! / Danke schön!』と答えましょう。でも、本当に楽しめるのかどうか確信がなければ『Mal sehen.（まあどうなるか見てみましょう）』と答えたらよいでしょう。

●基本パターン●

Viel Spaß ＋ 前置詞 bei ＋ 名詞の3格 ．

~楽しんできてね／Viel Spaß bei ~

基本パターンで言ってみよう！　CD-32

フィール シュパース バイ デア アルバイトゥ
Viel Spaß bei der Arbeit!

お仕事、楽しんでね！

フィール シュパース バイム タンツェン
Viel Spaß beim Tanzen!

ダンス、楽しんでね！

フィール シュパース イム キーノ
Viel Spaß im Kino!

映画、楽しんできてね！

フィール シュパース イン デア オーパー
Viel Spaß in der Oper!

オペラ、楽しんできてね！

フィール シュパース アウフ デア パーティ
Viel Spaß auf der Party!

パーティ、楽しんできてね！

フィール シュパース アウフ デア ライゼ
Viel Spaß auf der Reise!

旅行、楽しんできてね！

フィール シュパース イム ウアラウプ
Viel Spaß im Urlaub!

休暇、楽しんできてね！

フィール シュパース イン ドイチュラントゥ
Viel Spaß in Deutschland!

ドイツでうんと楽しんできてね！

33 〜にワクワクするね 〜に興味しんしん

Ich bin gespannt auf 〜

基本フレーズ

イッヒ ビン ゲシュパントゥ アウフ デン フィルム
Ich bin gespannt auf den Film.
ワクワクしながら映画を心待ちにしてるの。

こんなときに使おう！
映画が始まるすぐ前に…

　『gespannt』は元々「糸などを張る」という意味の動詞『spannen』の過去分詞で、「（糸などが）張った」という意味です。そこから「〜に対して興味しんしんである、〜を知りたいとうずうずしている、〜を待ちきれない」という意味になります。「〜に対して、〜を」の部分がauf 〜で表されます。

　auf の後には多くの場合、ob（〜かどうか）やw– で始まる疑問詞が導く副文が置かれます。その場合には、aufはdaraufという形に変化しますが、省かれるケースも多々あります。

例　Ich bin gespannt (darauf), wie Sie damit zurechtkommen.
　　（あなたがどれだけやれるか、お手並み拝見しましょうか）
　ワンポイント　『mit 〜 zurechtkommen』〜を上手に処理する

●基本パターン●

主語 ＋ 動詞seinの活用形 ＋ gespannt ＋ 前置詞 auf ＋ 名詞の4格 ．

~にワクワクするね　~に興味しんしん／Ich bin gespannt auf ~

基本パターンで言ってみよう!　CD-33

Wir sind schon gespannt auf die Olympischen Sommerspiele 2020 in Tokio.

私たちは2020年に開催される東京オリンピックに今からワクワクしています。

Ich bin gespannt auf ihre Antwort.

彼女がどう返事してくるのか、興味しんしんよ。

Er ist gespannt auf sein Prüfungsergebnis.

試験の結果がどうか、彼はドキドキしている。

ワンポイント (s)『Ergebnis』結果

Ich bin gespannt (darauf), ob es klappt.

上手くいくかどうか、ワクワクしますね。

Ich bin gespannt (darauf), wie das Essen schmeckt.

その食事がどんな味なのか、興味しんしんですね。

34 ～を楽しみにしているよ

Ich freue mich auf ～

基本フレーズ

イッヒ フロイエ ミッヒ アウフ ダイネン ベズーフ
Ich freue mich auf deinen Besuch.
あなたが来るのを楽しみにしてるわ。

こんなときに使おう!
友達が家に訪ねて来ることになった時に…

　パターン29で『sich freuen（喜ぶ）』という動詞を扱いました。その時には前置詞über が付いて、「über以下のことをうれしく思う」という意味でしたが、この課では前置詞auf が付きます。それにより意味も変わり、「auf以下の将来に起こることを楽しみにしている、待ち望んでいる」という表現になります。

　auf の後には多くの場合、zu不定詞句やdassで導かれる副文が続きます。その際に、主語が変わらなければzu不定詞句が置かれ、後に来る副文の主語が最初の主文の主語と異なっている場合にはdassで導かれる副文が置かれます。その場合に、aufはdaraufという形に変化し、überが付く場合と区別するために、daraufは必ず置かれます。

例 Deine Eltern freuen sich bestimmt darauf, dass du sie besuchst.
（ご両親は、あなたが訪ねてくるのをきっと心待ちにしてらっしゃるわ）

●基本パターン●

主語 ＋ freuenの活用形 ＋ 再帰代名詞 ＋ 前置詞 auf ＋ 名詞の4格．

~を楽しみにしているよ／Ich freue mich auf ~

基本パターンで言ってみよう！　　CD-34

Ich freue mich auf unser Wiedersehen.
(= **Ich freue mich darauf**, dich wieder**zu**sehen.)

君に再会できることを楽しみに待っているよ。

Die Familie freut sich auf die nächste Reise.

家族は次の旅行を楽しみにしています。

Das Ehepaar freut sich auf ihren Nachwuchs.

その夫婦は、子供が生まれるのを楽しみに待っています。

Der Mann freut sich auf die Fußballsendung.

その男性はサッカーの放送を楽しみにしています。

Die Studenten freuen sich auf die Sommerferien.

学生たちは夏休みを待ちわびている。

Die Angestellten freuen sich auf das gute Mittagessen in der Kantine.

社員は、会社の食堂でおいしい昼食を食べるのを楽しみにしています。

ワンポイント (e)『Kantine』社員食堂

35 〜は楽しい　〜はおもしろい

〜 macht (mir) Spaß

基本フレーズ

Deutsch lernen macht (mir) Spaß.
（ドイチュ　レルネン　マッハトゥ　ミア　シュパース）
ドイツ語を学ぶのは楽しいよ。

こんなときに使おう！
ドイツ語の学習は楽しいよと伝えたい時に…

　パターン32で『Viel Spaß!（〜楽しんできてね）』という表現を扱いました。これは相手にそう願ってあげる時に使われますが、ここでは自分にとって何かが楽しい時に、それを表現してみましょう。

　『〜 macht (mir) Spaß.』という表現では、楽しませてくれるものが主語になります。上の例のように、動詞が原形の形で名詞化されて使われることがよくあります。また、esとzu不定詞句の組み合わせもよく使われます。基本的には人は3格に置かれますが、一般的なことを述べる時には人の部分を省いて表現されることもしばしばです。

　また、ほとんど同じ内容を、人を主語として『Ich habe Spaß an 〜』と表現することもできます。この時には、『Viel Spaß!』と同じように、an 〜の代わりにbeiやin、aufなど、どこで楽しむのか、その場所が挙げられることも多くあります。

●基本パターン●

| 主語(もの) | ＋ | machenの活用形 | ＋ | 3格の目的語(人) | ＋ | Spaß | . |

| 主語 | ＋ | habenの活用形 | ＋ | Spaß | ＋ | 前置詞 an | ＋ | 名詞の3格 | . |

～は楽しい　～はおもしろい／～ macht (mir) Spaß

machenの現在形の人称変化

ich (私)	du (あなた・君 〔親称〕)	er / sie / es (彼／彼女／それ)	wir (私たち)	ihr (あなたたち・ 君たち)	sie / Sie (彼ら／ あなた〔敬称〕)
mach-**e**	mach-**st**	mach-**t**	mach-**en**	mach-**t**	mach-**en**

注　動詞haben の活用形はパターン5参照。

基本パターンで言ってみよう！　　　　　　CD-35

シュポルトゥ マッハトゥ ミア シュパース
Sport macht mir Spaß.

私はスポーツを楽しんでいます。

ライゼン　マッハトゥ　ミア フィールシュパース
Reisen macht mir viel Spaß.

私にとって、旅行は本当に楽しいです。

バスケットゥバル　マッハトゥ　イーム フィールシュパース
Basketball macht ihm viel Spaß.

バスケットボールは彼にとっての楽しみです。

エス マッハトゥ ウンス シュパース　ウンゼレ アルテン フロインデ イン ドイチュラントゥ ツー ベズーヘン
Es macht uns Spaß, unsere alten Freunde in Deutschland zu besuchen.

私たちにとって、ドイツの旧友を訪ねるのは楽しいことです。

エス マッハトゥ シュパース ディー クルトゥーレン アンデラー レンダー ケネンツーレルネン
Es macht Spaß, die Kulturen anderer Länder kennenzulernen.

外国の文化を知ることは楽しいことです。

ディー　キンダー　　ハーベン　シュパース アン デン　ノイエン　シュピールツォイゲン
Die Kinder haben Spaß an den neuen Spielzeugen.

子供たちは新しいおもちゃで楽しんで遊んでいる。

ヴィア　ハッテン　　ゲスタン　フィール シュパース アウフ デア　パーティ
Wir hatten gestern viel Spaß auf der Party.

僕たちは昨日のパーティで大いに楽しんだ。

36 〜が気に入っている

〜 gefällt mir

基本フレーズ

Die Stadt gefällt mir.
ディー シュタットゥ ゲフェルトゥ ミア

この街、気に入ったわ。

こんなときに使おう!
新しい街を訪ねた時に…

　このgefallenという動詞は「何かが誰かに気に入る」と表現され、通常、ものが主語になります。普通、人を主語とするmögen（好き）という動詞とほとんど同じ意味で使われることがよくあります。使い慣れるととても便利な表現で、実際にドイツ人がとてもよく使う動詞です。

　気を付けなければいけないのは、gefallenの意味を強めたい時には副詞gutが付き、mögenの意味を強めたい時には副詞gernが付きます。

　例　Die Blumen gefallen mir gut. / Ich mag die Blumen gern.

　衣服を主語にする場合には衣服の個々の名詞はp.141を参照してください。

基本パターン

主語(もの−通常3人称) ＋ gefallenの活用形 ＋ 3格の目的語(人) (＋ gut).

gefallenの現在形の人称変化

ich (私)	du (あなた・君 〔親称〕)	er / sie / es (彼／彼女／それ)	wir (私たち)	ihr (あなたたち・ 君たち)	sie / Sie (彼ら／ あなた〔敬称〕)
(gefall-e)	(gefäll-st)	gefäll-t	(gefall-en)	(gefall-t)	gefall-en

〜が気に入っている／〜 gefällt mir

基本パターンで言ってみよう！　　　　　　　　　　CD-36

Der Film gefällt vielen Leuten.
この映画は多くの人々に好評を博しています。

Das Kleid gefällt mir, aber die Schuhe gefallen mir nicht.
このワンピースは気に入ったけれど、その靴は私の好みじゃないわ。

Die Wohnung hat uns gut gefallen.
そのマンションを私たちはとても気に入りました。

> ワンポイント　マンション形式の住居はWohnungと呼ばれる。

Spaziergänge gefallen uns gut.
私たち、散歩するのは大好きです。

Ich hoffe, das Buch gefällt Ihnen.
この本を気に入っていただけることを望んでいます。

> ワンポイント　hoffenという動詞を使って、「〜を望みます」と表現できる。

Ich hoffe, der Deutschunterricht gefällt vielen Studenten.
ドイツ語の授業がたくさんの学生たちに気に入ってもらえていたらうれしいのですが。

Das Diskussionsthema gefällt den Teilnehmern.
そのディスカッションのテーマは参加者たちに好評である。

> ワンポイント　『Diskussion』ディスカッション
> 名詞の複数形が3格で使われる時には、S式（「ドイツ語・基本の基本」p9参照）を除いて、原則複数形の最後に -n がつく。

Ⅱ 使える！頻出パターン51

37 〜は（あなたに）よく似合っている

〜 steht dir / Ihnen (gut)

基本フレーズ

デア　グローセ　ゾマーフートゥ　シュテートゥディアグートゥ
Der große Sommerhut steht dir gut.
その大きな夏の帽子、あなたによく似合ってるわ。

こんなときに使おう！
服装が似合っていると言ってあげたい時に…

このstehenという動詞は、元々「立つ」という意味の自動詞ですが、ここでは「〜に似合っている」という意味で使われます。「〜に」にあたる部分に人が3格の形で置かれます。

一方、様々な衣服の個々の名詞やヘアスタイル、色、柄などが主語になります。髪型、色、柄などに関する単語（p.141）もぜひ参考にしてください。

●基本パターン●

主語（服装、髪型、色、柄） ＋ stehenの活用形 ＋ 3格の目的語（人） （ ＋ gut ）.

stehenの現在形の人称変化

ich (私)	du (あなた・君〔親称〕)	er / sie / es (彼/彼女/それ)	wir (私たち)	ihr (あなたたち・君たち)	sie / Sie (彼ら／あなた〔敬称〕)
steh-**e**	steh-**st**	steh-**t**	steh-**en**	steh-**t**	steh-**en**

注 ここでは、3人称単数の活用形stehtおよび3人称複数の活用形stehenの形しか使われません。

164

~は（あなたに）よく似合っている／~ steht dir / Ihnen (gut)

基本パターンで言ってみよう！　　　　CD-37

Deine neue Frisur steht dir.
あなたの新しいヘアスタイル、よく似合ってるわ。

Kurze Haare stehen Ihnen gut.
ショートヘア、とてもお似合いじゃないですか。

Das elegante Kostüm steht der Lehrerin.
そのエレガントなスーツは、先生によく似合っている。

Der schicke Sakko steht unserem Chef gut.
そのシックなブレザーは、私たちのチーフによく似合っています。

Das gelbe Abendkleid steht Ihnen wunderbar.
その黄色いイブニングドレス、とてもお似合いですわ。

Rot steht ihm nicht.
彼には赤は似合わないよ。

Ihr steht eine kräftige Farbe.
彼女にははっきりした色合いがよく似合うね。

Ein Blumenmuster steht dem Mädchen gut.
その女の子には花柄がよく似合っている。

38 〜はおいしいですか？

Schmeckt dir / Ihnen 〜 ?

基本フレーズ

Schmeckt Ihnen Sächsische Kartoffelsuppe?
シュメックトゥ　イーネン　ゼクシッシェ　カルトッフェルズッペ

ザクセン地方のポテトスープの
お味はいかがですか？

こんなときに使おう！
食事がおいしいかどうか、たずねたい時に…

　このschmeckenという動詞は「〜の味がする」という意味の自動詞で、その味を詳しく述べたい時には、例えば『Die Suppe schmeckt nach Fisch.（このスープ、魚の味がするね）』と言います。

　esを主語にして『Schmeckt es dir / Ihnen?』とたずねると、一般的に「おいしい？」と聞くことができます。また、何がおいしいのかを具体的に知りたい時に『Schmeckt dir / Ihnen die Suppe?』とたずねることができます。その時に、esは動詞schmeckenのすぐ後に置かれますが、具体的な食べ物や食事の名前が入る時には、dir / Ihnen の後に置かれることに注意しましょう！また、疑問詞wieを使って、「〜はどんなお味ですか？」とたずねることもできます。

●基本パターン●

schmeckenの活用形 ＋ 3格の目的語(人) ＋ 主語(食べ物、食事) (＋ gut) ?

schmeckenの活用形 ＋ 主語(es) ＋ 3格の目的語(人) (＋ gut) ?

~はおいしいですか？／Schmeckt dir / Ihnen ～？

schmeckenの現在形の人称変化

ich (私)	du (あなた・君 〔親称〕)	er / sie / es (彼／彼女／それ)	wir (私たち)	ihr (あなたたち・ 君たち)	sie / Sie (彼ら／ あなた〔敬称〕)
–	–	schmeck-t	–	–	schmeck-en

基本パターンで言ってみよう！　　CD-38

Schmeckt Ihnen das Steak?
シュメックトゥ　イーネン　ダス　ステーク

ステーキはお口に合いますか？

答え方　Nein, leider ist es etwas zäh.
　　　　残念ながら、お肉が少し硬いです。

　　ワンポイント　『zäh』歯ごたえのある、粘り強い（性格）。反対はzart

Schmeckt dir das Essen?
シュメックトゥ　ディア　ダス　エッセン

この食事おいしい？

答え方　Ja, es schmeckt sehr gut. Es ist gut gewürzt.
　　　　うん、とてもおいしいよ。いい味つけがされているね。

　　ワンポイント　『gewürzt』味つけがされている、香辛料がよく効いている

Schmecken dir die Spaghetti?
シュメッケン　ディア　ディー　シュパゲティ

そのスパゲティおいしい？

答え方　Leider nicht. Die Nudeln sind pappig.
　　　　残念ながらおいしくないわ。麺がべたついているわ。

　　ワンポイント　(Pl)『Nudeln』麺　『pappig』べたついている

Schmeckt Ihnen die Kohlroulade?
シュメックトゥ　イーネン　ディー　コールルラーデ

このロールキャベツのお味はいかがですか？

> 答え方　Ja, sie schmeckt mir fantastisch.
> ええ、すばらしくおいしいです。

Wie schmeckt Ihnen die Forelle?
ヴィー　シュメックトゥ　イーネン　ディー　フォレレ

この鱒（ます）のお味はいかがですか？

> 答え方　Sie schmeckt uns ausgezeichnet.
> 最高においしいです。
>
> ワンポイント　上の例文のfantastischもausgezeichnetも「すばらしい」という意味の大きな賛辞。

Wie schmeckt euch der Rinderbraten mit Knödeln?
ヴィー　シュメックトゥ　オイヒ　デア　リンダーブラーテン　ミットゥ　クネーデルン

ジャガイモ団子が添えられた牛肉ソテーはどう？

> 答え方　Er schmeckt uns ganz gut. Aber die Soße ist etwas fade.
> なかなかおいしいね。でも、ソースの味がちょっと薄いねえ。

コラム ⑤

ドイツの食事 ①

食事を始める時には『Guten Appetit!』と言いましょう。日本語にも英語にもない表現ですが、「おいしく召し上がれ」という感じです。食事に招いた時には、ホスト側が『Guten Appetit!』と言葉をかけ、客は『Danke, gleichfalls!』と答えます。「ありがとうございます。そちらもどうぞおいしくお召し上がりください」といった意味です。レストランなどに家族や友達と一緒に食事に行った時は、率先して『Guten Appetit!』と言いましょう。ドイツでは、誰かが食事をしていたら、知らない相手でも『Guten Appetit!』と声をかけるのがしきたりです。

<いろいろな料理>

・**sächsische Kartoffelsuppe**

ポテトスープに野菜がたっぷり入り、ソーセージが載った、ザクセン地方の郷土料理です。

・**Kohlroulade**

ドイツでは、冬の硬いキャベツをじっくり長く煮込んでロールキャベツを作ります。

・**Forelle**

北側にしか海がないドイツでは、たくさん獲れるHering（にしん）以外の魚料理はどちらかと言えば高級料理ですが、Forelle（鱒）は多く養殖されており、ドイツ人は鱒料理を好んで食べます。

・**Rinderbraten mit Knödeln**

牛肉のソテーにジャガイモのお団子が添えられ、ブラウンソースをかけていただく、ドイツらしいおすすめの一品です。

39 〜してくだされればありがたい

Es wäre net, wenn 〜

基本フレーズ

Es wäre nett, wenn du mir helfen **könntest.**
エス ヴェーレ ネットゥ ヴェン ドゥー ミア ヘルフェン クェンテストゥ

手伝ってもらえたらありがたいんだけどなあ。

こんなときに使おう！
誰かに手を貸してほしい時に…

ここではesとwennで導かれる副文（もし〜だったら）がセットで用いられて「もし〜してもらえたらうれしいのですが」あるいは、「もし〜してもらえたらありがたいのですが」という表現を紹介します。

動詞は、婉曲、非現実性を表すKonjunktiv II（接続法II）の形が用いられます。接続法IIは元々、過去形を変化させて作られ、以下のいくつかの強変化動詞には、その独自の変化形がよく使われます（下記の表参照）。変化はwären（パターン27）やkönnten（パターン16）に準じます。

またichを主語にして『Ich wäre dankbar, wenn 〜』という表現も使えます。

原形	sein	werden	haben	gehen	kommen	bleiben	wissen
接続法IIの基本形	wäre	würde	hätte	ginge	käme	bliebe	wüsste

実は、möchtenという話法の助動詞（パターン14）も、もともとはmögen（好き）という動詞の接続法IIの形です。

～してくだされば ありがたい／Es wäre net, wenn ～

●基本パターン●

{ Es wäre nett, wenn ＋ 主語 ＋ (動詞が必要とすれば) 目的語など ＋
Ich wäre / Wir wären dankbar, wenn ＋ 主語 ＋ (動詞が必要とすれば) 目的語など ＋ }

動詞の接続法Ⅱの活用形 ／ 動詞の原形＋würden / könntenの活用形 ．

基本パターンで言ってみよう! 　　　　CD-39

エス ヴェーレ ネットゥ　 ヴェン　イヤ　アオホ　ミットゥコメン　クェンテットゥ
Es wäre nett, wenn ihr auch mitkommen könntet.

君たちも一緒に来てくれたらうれしいんだけどなあ。

エス ヴェーレ ネットゥ　ヴェン　ドゥー　ノッホ　エトゥヴァス　ブライベン　クェンテストゥ
Es wäre nett, wenn du noch etwas bleiben könntest.

もう少しここにいてくれたらいいなあ。

ヴィア ヴェーレン オイヒ ダンクバー　ヴェン イヤ アウフ ウンゼレ キンダー
Wir wären euch dankbar, wenn ihr auf unsere Kinder

アウフパッセン　クェンテットゥ
aufpassen könntet.

子供たちをみててもらえたら、とても助かるんだけれど、お願いできるかしら？

ワンポイント　『auf＋名詞の4格＋aufpassen』～に注意する、～の面倒をみる

！ ひとことメモ

次の文は、敬称Sieの形で丁寧な手紙を書く時に、最後に返事を請う表現として使えます。

イッヒ ヴェーレ イーネン ダンクバー　ヴェン ジー ミア バルトゥ アントゥヴォルテン ヴュルデン
Ich wäre Ihnen dankbar, wenn Sie mir bald antworten würden.

できるだけ早くお返事をいただけましたらありがたく存じます。

40 ～してね！ ～しなさい！
命令形

基本フレーズ

ダン　ゼーエン　ヴィア ウンス ヴィーダー　アム　ザムスターク
Dann sehen wir uns wieder am Samstag.
マハス　グートゥ
Mach's gut!
じゃあ、また土曜日にね。元気でね！

こんなときに使おう！
別れ際のあいさつとして…

---

　duに対する命令文『Mach es gut!』がつづめて書かれた短縮形で、あいさつの表現『Wie geht es dir?（元気？／調子どう？）』が『Wie geht's?』と短縮されるのと同じように、'（アポストロフィ）を使ってmachとesが融合されます。何人かの親しい相手に言う時には『Macht's gut!』、敬称を使う相手には『Machen Sie es gut!』となります。

　命令形は次のように作ります。

・Sieに対する命令形は簡単。主語と動詞をひっくり返すだけ。

　　例　Sie machen es gut. → Machen Sie es gut!

・ihrに対する命令形は動詞の現在形と同じ。主語を取ればよいだけ。

　　例　Ihr macht es gut. → Macht es gut! → Macht's gut!

・duに対する命令形は少し注意が必要。やはり主語を省いて、語尾を取り除いた動詞の語幹だけを使います。

　　例　Du machst es gut. → Mach es gut! → Mach's gut!

☆ ただし、強変化動詞の中でアクセントのある母音がeであるものは、eがiかieに変化します。

　　例　essen　　→　Iss!　　/　nehmen　→　Nimm!
　　　　lesen　　→　Lies!　 /　sehen　　→　Sieh!

~してね！ ~しなさい！／命令形

●命令形の基本パターン● （例）

Mach es gut! (Mach's gut!)	〔du に対して〕
Macht es gut! (Macht's gut!)	〔ihrに対して〕
Machen Sie es gut!	〔Sieに対して〕

基本パターンで言ってみよう！　CD-40

Iss nicht zu viel!　食べ過ぎたらダメだよ。

Nimm heute einen Regenschirm mit!
今日は傘を持っていったほうがいいよ。

Lies bitte die heutige Zeitung!　今日の新聞を読んでくれ！

(ワンポイント)『heutig』今日の。heuteの形容詞。

Kommt bitte einmal bei mir **vorbei**!
あなたたち、一度、私の家に遊びに来てね！

(ワンポイント)『vorbei/kommen』「立ち寄る」という強変化の分離動詞。

Ruft uns doch mal öfter **an**!　私たちにもっと頻繁に電話しておくれ！

(ワンポイント)『öfter』oft（度々、頻繁に）の比較級（パターン66参照）

Haltet euch warm! Sonst könnt ihr euch erkälten.
暖かくしておきなさい！そうしないとあなたたち風邪ひくよ。

(ワンポイント)『sich erkälten』「風邪をひく」という非分離の再帰動詞。

Nehmen Sie bitte Platz!　どうぞおかけください。

Sprechen Sie bitte etwas lauter und langsamer!
もう少し大きな声でゆっくり話してください。

41 〜がんばってね！ 〜での成功を祈ってるね！

Viel Erfolg bei 〜！

基本フレーズ

フィール エアフォルク バイ デア ブリューフンク
Viel Erfolg bei der Prüfung!
試験がんばってね！

こんなときに使おう！
試験を受ける友達を励ます時に…

　これは元々『Ich wünsche dir / Ihnen viel Erfolg bei 〜（あなたに〜において成功を祈ります）』が短縮された形です。また『Ich wünsche dir / Ihnen viel Glück bei / für 〜（あなたに〜において幸運を祈ります）』も使えます。両方とも「〜がうまく行きますように」と望みを伝えたり励ましたりする表現です。どこで成功すべきなのか、その場所を挙げることも多いです。この両方を組み合わせて『Ich wünsche dir / Ihnen viel Glück und Erfolg bei 〜』と表現されることもあります。

●基本パターン●

Viel Glück　bei / für　〜！

Viel Erfolg　bei　〜！

～がんばってね！　～での成功を祈ってるね！／Viel Erfolg bei ～！

基本パターンで言ってみよう！　CD-41

Herzlichen Glückwunsch zur Vermählung!
（ヘルツリッヒェン　グリュックヴュンシュ　ツア　フェアメールンク）

Viel Glück für Ihre gemeinsame Zukunft!
（フィールグリュック　フュア　イーレ　ゲマインザーメ　ツークンフトゥ）

ご結婚おめでとうございます！　お二人で幸せな将来を築かれますように！

Viel Glück und Erfolg auf deinem weiteren Zukunftsweg!
（フィール　グリュック　ウントゥ　エアフォルク　アウフ　ダイネム　ヴァイテレン　ツークンフツヴェーク）

君のこれからの人生に多くの幸せと成功が訪れますように！

Viel Glück bei den Geschäftsverhandlungen!
（フィール　グリュック　バイ　デン　ゲシェフツフェアハンドゥルンゲン）

どうか商談がうまく行きますように！

ワンポイント　(e)『Geschäftsverhandlung』商談

Viel Erfolg bei der neuen Arbeit!
（フィール　エアフォルク　バイ　デア　ノイエン　アルバイトゥ）

新しい仕事、がんばってね！

Viel Erfolg beim Deutsch lernen!
（フィール　エアフォルク　バイム　ドイチュ　レルネン）

ドイツ語の学習、がんばってくださいね！

ひとことメモ　Ich drücke dir / Ihnen die Daumen.

「試験がんばってね！」と励ましの言葉をかける時に、基本フレーズ以外に『Ich drücke dir / Ihnen die Daumen.』という慣用表現があります。die Daumenは2本の親指を指します。親指は小悪魔 (r) Koboltを象徴し、この小悪魔が試験の時に悪さをして邪魔しないよう、親指を他の指で押さえつけるジェスチャーを相手に見せながら、「私があなたのために小悪魔をちゃんと押さえつけておいてあげるから、心配しないで試験がんばってね！」と言って、相手を安心させてあげます。

42 〜はうまく行った

〜 ist gut gelaufen / gegangen

基本フレーズ

Die Prüfung ist gut gelaufen.
(ディ ブリューフンク イストゥグートゥ ゲラウフェン)
試験はうまく行ったわ。

こんなときに使おう！
「試験どうだった？」と聞かれて答える時に…

　動詞laufenは元々「走る」また「歩く」という意味ですが、そこから「機能する」「進行する」という意味が派生します。パターン10で学んだ動詞gehenも元々「歩いて行く、行く」という意味ですが、そこから「機能する」「作動する」という意味が派生します。

　また、「うまく行った」という表現に『〜 hat (gut) geklappt.』という言い回しを使うこともできます。動詞klappenは元々「（一端が固定されているものを）ぱたんと折って2つの部分を合わせる」という意味ですが、そこから「うまく行く」という意味が派生します。klappenはよく非人称のesを主語として用いられます。

　例　Mit den Verhandlungen hat es gut geklappt.
　　　（交渉はうまく行った）

　laufenもgehenも助動詞seinを使って現在完了形が作られるのに対して、klappenでは助動詞habenを使って現在完了形が作られます。

●基本パターン●

主語 ＋ 動詞laufen / gehen / klappen の活用形 (＋ gut).

~はうまく行った／~ ist gut gelaufen / gegangen

laufenとklappenの現在形の人称変化

ich (私)	du (あなた・君 〔親称〕)	er / sie / es (彼／彼女／それ)	wir (私たち)	ihr (あなたたち・ 君たち)	sie / Sie (彼ら／ あなた〔敬称〕)
lauf-e	läuf-st	läuf-t	lauf-en	lauf-t	lauf-en
klapp-e	klapp-st	klapp-t	klapp-en	klapp-t	klapp-en

基本パターンで言ってみよう！　　CD-42

アレス　イストゥ　グートゥ　　ゲガンゲン
Alles ist gut gegangen.

すべてうまく行ったよ。

エス　ハットゥ　ゲクラップトゥ
Es hat geklappt.

うまく行ったよ。

アレス　イストゥ　ヴィー　ゲプラーントゥ　ゲラウフェン
Alles ist wie geplant gelaufen.

すべて計画通りに行った。

ダス　エアステ　フォアシュテルンクスゲシュプレーヒ　イストゥ グートゥ　ゲラウフェン
Das erste Vorstellungsgespräch ist gut gelaufen.

初めての面接、うまく行ったわ。

ワンポイント (e)『Vorstellung』紹介　　(s)『Gespräch』話、面談

ディー　オルガニザツィオン　　デア　　メッセ　ハットゥ　グートゥ　ゲクラップトゥ
Die Organisation der Messe hat gut geklappt.

そのメッセの企画は成功を収めました。

43 〜する勇気がない　〜しようとしない

Ich traue mich nicht, ＋ zu不定詞

基本 フレーズ♪

イッヒ　トゥラウエ　ミッヒ　ニヒトゥ　デン　レーラー
Ich traue mich nicht, den Lehrer
ツー　フラーゲン
zu fragen.
先生に聞く勇気ないなあ。

こんなときに使おう！
先生にたずねたらとすすめられた時に…

　trauenは元々3格の目的語を伴って「〜を信用する」という意味の弱変化動詞です。基本フレーズにあるsich trauenという表現は、4格の再帰代名詞と一緒に、普通は否定か疑問の形で使われます。多くの場合、zu不定詞句を伴います。何かをする勇気があるかどうかを表します。

　同じtrauenから派生するzutrauenという分離動詞があり、形がとても似ているので、よく間違って使われたり、ちゃんと意味を区別せずにいい加減に使われたりします。この動詞は、普通は3格の再帰代名詞と一緒に使われ、4格の名詞が目的語になることもあります。それをするだけの自信があるかどうかを表します。

　例　Ich traue mir den Job zu.（この仕事をやれる自信はあるわ）

　再帰代名詞sichの代わりに別の人が3格の目的語になることもよくあります。この時には、その人がそれを成し遂げる能力があると思うかどうかを表します。

　例　Ich traue ihm einen Welterfolg zu.
　　　（彼は世界的な成功を収める人だと思うわ）

～する勇気がない　～しようとしない／Ich traue mich nicht,＋zu不定詞

さらに、zu不定詞句を伴って表現されることもよくあります。

例　Ich traue mir nicht zu, alleine die Aufgabe zu erledigen.
（1人でこの課題を片づける自信ないなあ）

● 基本パターン ●

主語 ＋ trauen の活用形 ＋ 再帰代名詞(4格) ＋ nicht ＋ zu不定詞句 .

主語 ＋ zu/trauen の活用形 ＋ 再帰代名詞(3格) ＋ (nicht) ＋ zu不定詞句 .

基本パターンで言ってみよう！　　　CD-43

Viele Japaner trauen sich nicht, mit Ausländern zu sprechen.
多くの日本人は勇気を出して外国人と話そうとしない。

Viele Japaner trauen sich nicht, langen Urlaub zu nehmen.
多くの日本人はあえて長い休暇を取ろうとしない。

Er traut sich nicht, Frauen nach ihrem Alter zu fragen.
彼はあえて女性に年齢をたずねることはしません。

Viele Studenten trauen sich nicht zu, ohne Wörterbuch einen Text zu verstehen.
多くの学生は、辞書がなくてはテキストを理解できないと思っている。

Junge Leute sollten sich neue Aufgaben zutrauen.
若者は新しい課題に自信をもって取り組むべきです。

ワンポイント　solltenはパターン71参照。

II 使える！頻出パターン51

179

44 〜で困っている

Ich habe Probleme mit 〜

基本フレーズ

イッヒ　ハーベ　プロブレーメ　ミットゥ　デア
Ich habe Probleme mit der
ツァイトゥフェアシーブンク
Zeitverschiebung.
時差ボケに悩まされているの。

こんなときに使おう!
なかなか時差ボケを克服できない時に…

ワンポイント　(e)『Zeit』時、時間　(e)『Verschiebung』移動、ずれ

　これは、mit以下のことに対して困難を感じているという表現です。Problemは普通、複数の形で使われます。

　mit の後にzu不定詞句を続けることができます。その場合、mitはdamitという形に変化しますが、多くの場合、省かれます。

例　Ich habe Probleme (damit), über eine Hängebrücke zu gehen.
　　（私は吊り橋が怖くてなかなか渡れません）
　　Junge Leute haben oft Probleme (damit), mit fremden Menschen zu reden.
　　（若者たちはしばしば、見ず知らずの人々と話すことに困難を感じている）

　また、どこで困難を感じているのか、その場所を挙げることも多いです。

●基本パターン●

主語 ＋ haben の活用形 ＋ Probleme ＋ 前置詞 mit ＋ 名詞の3格 ．

～で困っている／Ich habe Probleme mit ～

基本パターンで言ってみよう！　CD-44

Das Kind hat Probleme mit Mathematik.
その子供は算数が苦手だ。

Das Kind hat Probleme in der Schule.
その子供は学校がなじめずに困っている。

Viele Studenten haben Probleme mit deutscher Grammatik.
多くの学生にとってドイツ語文法は悩みの種である。

Heute haben viele Leute Probleme mit zwischenmenschlichen Beziehungen am Arbeitsplatz.
今日、多くの人々が職場の人間関係に悩まされています。

> ワンポイント 『zwischenmenschlich』 人と人との間の（形容詞）
> 　　　　　　 (e)『Beziehung』 関係　(r)『Arbeitsplatz』 職場

Wir haben viele Probleme mit Atomenergie.
原子力エネルギーは、私たちにとって非常に厄介な存在です。

45 〜が怖い 〜が不安だ

Ich habe Angst vor 〜

基本フレーズ

イッヒ ハーベ アンクストゥ フォア アイネム グローセン
Ich habe Angst vor einem großen
エルトゥベーベン
Erdbeben.
私は大地震が怖いの。

こんなときに使おう！
怖いものは何なのと聞かれた時に…

ワンポイント (s)『Erdbeben』地震

　これは、vor以下のことに対して恐怖や不安を抱いているという表現です。vor の後にzu不定詞句やdassで導かれる副文を続けることもできます。その場合、vorはdavorという形に変化しますが、多くの場合、省かれます。zu不定詞句やdassで導かれる副文を続ける時に注意しなければいけないのは、どういうことに対して恐怖や不安を抱いているのか、その内容を作成するよう心がけてください。

注 また、「〜のことが心配だ」と表現する時に、よく間違えてこの『Ich habe Angst.』という表現が使われるのですが、誰かを思う心配な気持ちを表現する時には、Sorgen〔(e) Sorge（心配）の複数形〕を使いましょう！　Sorgenの後には「前置詞um + 名詞の4格」が置かれます。

　例　Ich habe Sorgen um meinen alten Vater.
　　　（私は年老いた父のことが気がかりです）

　これを『Ich habe Angst vor meinem alten Vater.』とすると「私は年老いた父親が怖い」という全く違った意味になってしまいます！

～が怖い　～が不安だ／Ich habe Angst vor ～

●基本パターン●

主語 + haben の活用形 + Angst + 前置詞 vor + 名詞の3格．

基本パターンで言ってみよう！　CD-45

Das Kind hat Angst vor großen Hunden.
その子供は大きな犬を怖がる。

Die meisten Menschen haben Angst vor Krankheiten.
たいていの人間は病気になるのを不安に思っています。

Die Schüler haben Angst (davor), sitzen zu bleiben.
学生たちは落第を恐れている。

Viele junge Leute haben Angst (davor), keine Arbeit zu finden.
多くの若者が、仕事が見つからないのではないかと不安を抱いています。

Hast du Angst vor der Zukunft?
将来に不安を持っているかい？

Habt ihr Angst (davor), dass ihr schlechte Schulnoten bekommt?
君たち、赤点を取ることを恐れてるのかい？

46 問題ないよ！ かまわないよ！
Kein Problem!

基本フレーズ

イッヒ　カン　ディア　ライダー　ニヒトゥ　ヘルフェン
Ich kann dir leider nicht helfen.
申し訳ないけどお手伝いできないよ。

カイン　プロブレーム
– Kein Problem!
大丈夫よ。

こんなときに使おう！
お願いしたことを断られてしまった時に…

『Kein Problem!』という表現は、パターン25で謝罪に対して何と答えればよいのかというところで紹介しましたね。これは元々『Das ist kein Problem（それは全く問題ではない）』が短縮された表現です。

これと同じ意味で使われるのが、やはりパターン25で紹介した『Macht nichts!』です。これは元々『Das macht mir nichts aus（それは私にとって全く差し支えありません）』が『Das macht nichts』に短縮され、さらにコミュニケーションではdasが省かれて使われます。

例 Tut mir leid, dass ich dich erst so spät anrufe!
（こんなに遅くお電話してごめんなさい）

– Macht nichts!（大丈夫よ）

Wir haben leider jetzt nur Wasser zum Anbieten.
（申し訳ないけれど、今、水しか飲み物として差し上げられないんだけれど）

– Macht nichts!（全くかまわないよ）

問題ないよ！　かまわないよ！／Kein Problem!

●基本パターン●

断りの文 ; 謝罪の文などに対して　– Kein Problem!
断りの文 ; 謝罪の文などに対して　– Macht nichts!

基本パターンで言ってみよう！　CD-46

イッヒ　カン　ライダー　エアストゥ　ウム　アハトゥ　コメン
Ich kann leider erst um acht kommen.

申し訳ないけれど、8時にしか行けないよ。

答え方　**Kein Problem!**　かまわないわ。
　　　　カイン　プロブレーメ

マイン　マン　カン　ライダー　ニヒトゥ　ミットゥコメン
Mein Mann kann leider nicht mitkommen.

残念ながら夫は一緒に来られません。

答え方　**Kein Problem!**　かまいませんよ。
　　　　カイン　プロブレーメ

ヴィア　ジントゥ　ニヒトゥ　メア　ゾー　ユンク
Wir sind nicht mehr so jung.

私たち、もうそんなに若くないんです。

答え方　**Macht nichts! Das Alter spielt keine Rolle.**
　　　　マッハトゥ　ニヒツ　ダス　アルター　シュピールトゥ　カイネ　ロレ

平気ですよ。年齢は関係ないんですから。

ワンポイント　(s)『Alter』年齢　『~ spielt keine Rolle.』~は全く重要ではない、関係ない

イッヒ　ハーベ　マイネ　クラヴァッテ　フェアゲッセン
Ich habe meine Krawatte vergessen.

ネクタイ持ってくるのを忘れてしまったよ。

答え方　**Kein Problem!**　問題ないわ。
　　　　カイン　プロブレーメ

47 ～する気がないよ

Ich habe keine Lust auf ～

基本フレーズ

イッヒ ハーベ カイネ ルストゥアウフ アイネ ラートゥトゥア
Ich habe keine Lust auf eine Radtour.
サイクリングには行きたくないな。

こんなときに使おう！
今日サイクリングに誘われた時に…

ワンポイント (e)『Radtour』サイクリング

　Lustは「（何かをしたい）気持ち、意欲」という意味で、女性名詞なので、否定する時はkeine Lustとなります。

　日本人は、誘われた時に本当はあまりその気がなくても、直接そのことは口にせず、気が進まなくても誘いを受けたり、適当な理由を見つけてやんわりと断ったりすることが多いですよね。でも、ドイツ人ははっきりと自分の意思を伝え、『Ich habe keine Lust.』ときっぱり断ることもしばしばです。何に対してする気がないのかを具体的に示す時にはLustの後に前置詞aufが付きます。

　多くの場合、auf の後にzu不定詞句が置かれます。その場合に、aufはdaraufという形に変化しますが、普通は省かれます。

例　Viele Japaner haben eigentlich keine Lust (darauf), so lange zu arbeiten.（多くの日本人は、本当はそんなに長く働きたいとは思っていない）

●基本パターン●

主語 ＋ habenの活用形 ＋ (keine)Lust ＋ 前置詞 auf ＋ 名詞の4格 ．

~する気がないよ／Ich habe keine Lust auf ~

基本パターンで言ってみよう！　　　CD-47

Ich habe keine Lust auf ein Rockkonzert.
私はロックコンサートには行く気ないわ。

Das Kind hat keine Lust auf Hausaufgaben.
その子供は宿題なんかやる気がない。

Meine Freundin hat keine Lust auf Sport.
私の友達はスポーツなんか、まるでやりたくない。

Nach der Arbeit habe ich Lust auf ein Stück Torte.
仕事をした後はクリームがたっぷりかかったケーキが食べたくなります。

> ワンポイント　(e)『Torte』クリームやフルーツでたっぷり飾られたケーキで、「タルト」とは異なる。

Wir haben Lust auf Reisen.
私たちはまた旅行したいなと思っています。

Hast du Lust, heute Abend zum Feuerwerk mitzukommen?
今晩、一緒に花火を見に行かない？

> ワンポイント　(s)『Feuerwerk』花火

注　「kommen」と「gehen」に関しては、パターン25の補足説明（付録p.252）で触れていますので、取り間違えずに使いましょう。

48 残念ながら〜　〜は残念です

Leider 〜

基本フレーズ ♪

ライダー　ハーベ　イッヒ　モルゲン　カイネ　ツァイトゥ
Leider habe ich morgen keine Zeit.
残念ながら、明日は時間がないんだ。

こんなときに使おう！
残念な気持ちを表現したい時に…

　leiderは残念な気持ちを副詞の形で表現できます。leiderを強調したい時には文頭に置かれます。
　schadeは残念な気持ちを表す形容詞で、述語的に使われます。dassで導かれる副文の内容が残念であることを示します。口語では多くの場合、es ist が省かれ、schadeから文は始まります。

例　Schade, dass wir euch nicht besuchen konnten.
　　（君たちを訪ねることができなかったのは残念だ）

　友達に基本フレーズのように言われたら、皆さんも『(Es ist) schade, dass du nicht mitkommen kannst!』と、友達が来られないことを残念に思う気持ちを表現してみましょう！

●基本パターン●

主語 ＋ 動詞の活用形 ＋ leider ＋ （動詞が必要とすれば）目的語など ．

(Es ist) schade , dass ＋ 副文 ．

残念ながら〜　〜は残念です／Leider 〜

※2番目の文成分にkönnen（〜することができる）が置かれ、否定文になることがよくあります。

　例　Leider kann ich heute nicht kommen.
　　　（残念だけど今日は来れないよ）

基本パターンで言ってみよう！　　　　CD-48

Ich habe leider nur wenig Freizeit.
残念だけれど、私にはちょっとしか自由時間がないの。

Leider fährt der nächste ICE nach Berlin erst in einer Stunde.
次のベルリン行のICE特急列車は、あいにく1時間後にしかありません。

Wir haben leider kein Zimmer mehr frei.
あいにく部屋は全部ふさがっています。

Leider bin ich heute krank. Es ist wirklich schade, dass ich nicht zur Party kommen kann.
残念なことに、僕は今日病気なんだ。パーティに行けなくて本当に残念だよ。

ワンポイント　『wirklich』本当に、実に

Es ist sehr schade, dass Sie jetzt schon gehen müssen.
今もうお帰りになってしまうなんて、とても残念ですわ。

49 〜してみる価値はあるよ

Es lohnt sich, + zu不定詞

基本フレーズ

エス ローント ズィッヒ ディーゼス ブーフ ツー レーゼン
Es lohnt sich, dieses Buch zu lesen.
この本は一読の価値があるよ。

こんなときに使おう！
どの本がおすすめと聞かれた時に…

lohnenは元々「報いる、報酬を払う」という意味の動詞lohnenに再帰代名詞sichが付いて、再帰自動詞として「〜するに値する、やりがいがある、報われる」という意味になります。

例 Seine Mühe hat sich gelohnt.
（彼の努力は報われた）

多くの場合、esとzu不定詞句が組み合わさって、zu不定詞句の内容がesで表現されます。

例 Es lohnt sich, diesen alten deutschen Film einmal zu sehen.
（この古いドイツ映画は、一度は見てみる価値があるよ）

●基本パターン●

主語(Es) ＋ lohnenの3人称単数形 ＋ 再帰代名詞 sich ＋ zu不定詞句 .

~してみる価値はあるよ／Es lohnt sich, ＋zu不定詞

基本パターンで言ってみよう！　　CD-49

Es lohnt sich, im Sommer früh aufzustehen.
夏に早起きすると報われますよ。

Es lohnt sich, die Ausstellung von Millet zu besuchen.
ミレーの美術展を見に行くのは、それだけの値打ちがあるわ。

> ワンポイント (e)『Ausstellung』展覧会、美術展

Es lohnt sich, diese Chance ausgiebig zu nutzen.
このチャンスを思いっきり生かすと、きっと報われるわ。

> ワンポイント 『ausgiebig』充分に、たっぷりと

Es lohnt sich nicht, über Kleinigkeiten zu streiten.
些細なことで争うなんて、むだなことだよ。

> ワンポイント (e)『Kleinigkeit』些細なこと、ささやかな品

Es lohnt sich nicht mehr, die alte Uhr reparieren zu lassen.
この古い時計は、もう修理してもらう価値はない。

> ワンポイント 『reparieren lassen』修理してもらう

Es lohnt sich, für frisches Gemüse mehr Geld zu zahlen.
新鮮な野菜にお金をかけることは価値のあることです。

50 ～を覚悟する ～を勘定に入れる

Ich rechne mit ～

基本フレーズ

イッヒ レヒネ ミットゥディア
Ich rechne mit dir.
あなたのこと、あてにしてるわ。

こんなときに使おう！
一緒に来てほしい時や助けてほしい時に…

rechnenは元々「計算する」という意味で、mit ～が付くと「～を勘定に入れる、～を覚悟する」という意味になります。「～が～することを勘定に入れる」と表現したい時には、mitがdamitとなって、その後にdassが置かれ、副文を導きます。damitは副文の内容を指します。

例 Ich habe nicht damit gerechnet, dass die Maschine heute ausfällt.
（今日、飛行機が欠航になるなど思いも寄らなかった）

ワンポイント (e)『Maschine』 本来「機械」を指すが、ここでは「飛行機」という意味。『aus/fallen』「機械などが突然止まる」という強変化の分離動詞。

●基本パターン●

| 主語 | + | rechnenの活用形 | + | 前置詞 mit | + | 名詞の3格 | . |

rechnenの現在形の人称変化

ich (私)	du (あなた・君 〔親称〕)	er / sie / es (彼／彼女／それ)	wir (私たち)	ihr (あなたたち・ 君たち)	sie / Sie (彼ら／ あなた〔敬称〕)
rechn-**e**	rechn-**est**	rechn-**et**	rechn-**en**	rechn-**et**	rechn-**en**

〜を覚悟する　〜を勘定に入れる／Ich rechne mit 〜

> **注** 2人称単数duおよび2人称複数ihrのところで、それぞれに付く活用語尾 －st、－tの前に発音上eが入ります。

基本パターンで言ってみよう！　　CD-50

Rechnen Sie mit dem Schlimmsten!
最悪のケースも覚悟しておいてください。

> **ワンポイント**　『schlimm』ひどい　『das Schlimmste』一番ひどいこと

Wir haben nicht mit eurem Besuch gerechnet.
君たちが訪ねてくるとは予想もしてなかったよ。

Mit seiner Hilfe haben wir nicht gerechnet.
彼が手伝ってくれるとは思ってもみなかった。

In Japan müssen wir im Herbst mit vielen Taifuns rechnen.
日本では秋に台風が多いことを覚悟しておかなければならない。

> **ワンポイント**　(r)『Taifun』台風

Wir rechnen damit, dass er pünktlich kommt.
彼が時間通りに来ると、僕たちは信じているよ。

In Deutschland muss man damit rechnen, dass sich die Züge sehr oft verspäten.
ドイツでは、列車がとても頻繁に遅れることを覚悟しておかなければなりません。

51 〜のことを思う（考える）

Ich denke an 〜

基本フレーズ

ファーター　ムター　イッヒ　デンケ　イマー
Vater, Mutter, ich denke immer
アン　オイヒ
an euch.
お父さん、お母さん、いつもあなた方のことを思っています。

こんなときに使おう！
親を思う気持ちを表現してみたい時に…

　上のような表現は、日本人には気恥ずかしくて、なかなか言葉にしにくいでしょうが、欧米では当たり前のこととして、口頭でも、文字の形でもはっきりと表現されます。欧米の文化の中ではぜひ使ってみましょう。

　denkenは「考える」という意味で、an 〜が付くと「〜のことを思う、〜のことを考える」という意味になります。

　「〜が〜することを考える」と表現したい時には、an がdaranとなって、その後にdassが置かれ、副文を導きます。daranは副文の内容を指します。主語が同じ時には、後にzu不定詞句を置くこともできます。また、疑問詞で導かれる副文も続けられます。

　この表現は、命令形の形でもよく使われます。（「基本パターンで言ってみよう！」の例文を参照。命令形に関してはパターン40参照）

●基本パターン●

主語 ＋ denkenの活用形 ＋ 前置詞 an ＋ 名詞の4格 .

~のことを思う（考える）／Ich denke an ~

denkenの現在形の人称変化

ich (私)	du (あなた・君 〔親称〕)	er / sie / es (彼／彼女／それ)	wir (私たち)	ihr (あなたたち・ 君たち)	sie / Sie (彼ら／ あなた〔敬称〕)
denk-e	denk-st	denk-t	denk-en	denk-t	denk-en

基本パターンで言ってみよう！　　　CD-51

イッヒ フロイエ ミッヒ ゼア ダス ドゥー アン ミッヒ ゲダハトゥ ハストゥ
Ich freue mich sehr, dass du an mich gedacht hast.

私のことを思ってくれて、とてもうれしいわ。

イヤ ミュストゥ メア アン オイレ ゲズントゥハイトゥ デンケン
Ihr müsst mehr an eure Gesundheit denken.

君たちはもっと自分の健康のことを考えないといけないね。

ワンポイント (e)『Gesundheit』健康。反対は (e)『Krankheit』病気

ドゥーギブストゥ ツー フィール アウス デンク アンス ゲルトゥ
Du gibst zu viel aus. Denk ans Geld!

君は出費が多すぎるよ。お金のことも考えろよ！

ワンポイント 『aus/geben』「出費する」という意味の強変化の分離動詞。

デンク ダラン ダス エス モルゲン フィール レーグネン カン
Denk daran, dass es morgen viel regnen kann!

明日たくさん雨が降ることも頭に入れておいたほうがいいよ。

デンケン ジー グートゥ ダラン ヴァス ジー フォア デア ライゼ マッヘン ミュッセン
Denken Sie gut daran, was Sie vor der Reise machen müssen!

旅行の前に何をしなければいけないのか、よく考えてください。

52 ～によるよ、～次第だね

Es hängt von ～ ab

基本フレーズ

エス ヘンクトゥ フォム ヴェター アップ
Es hängt vom Wetter ab.
お天気次第ね。

こんなときに使おう！
明日ハイキングに行こうかと誘われた時に…

　abhängenはvon ～と一緒に使われ、「～に依存する、～に左右される、～による」という意味の強変化の分離動詞です。話題になっている話の内容を指すesを主語にして使われることが非常に多いですが、具体的な名詞も主語になります。「～が～することによる」と表現したい時には、von がdavonとなって、その後にdassで導かれる副文やobやいろいろな間接疑問文が置かれます。davonは副文の内容を指します。

　例えば　Es hängt davon ab, wer mitkommt.
　（誰が一緒に来るのかによりますよ）

基本パターン

主語 ＋ ab/hängenの活用形 ＋ 前置詞 von ＋ 名詞の3格 ．

abhängenの現在形の人称変化

ich (私)	du (あなた・君〔親称〕)	er / sie / es (彼/彼女/それ)	wir (私たち)	ihr (あなたたち・君たち)	sie / Sie (彼ら／あなた〔敬称〕)
häng-e ab	häng-st ab	häng-t ab	häng-en ab	häng-t ab	häng-en ab

~によるよ、~次第だね／Es hängt von ~ ab

基本パターンで言ってみよう！　　CD-52

Es hängt von der Situation ab.

それはシチュエーションによって左右されます。

Das hängt von seiner Antwort ab.

それは彼の返事次第ですね。

Die Ernte hängt vom Wetter ab.

収穫は天候によって違います。

ワンポイント (e)『Ernte』収穫

Der Erfolg hängt von den Mitarbeitern ab.

成功は従業員たちの肩にかかっている。

Mein Leben hängt von deiner Entscheidung ab.

僕の人生は君の決断にかかっているんだ。

Es hängt davon ab, ob die Züge morgen fahren.

それは、明日列車が運行しているかどうかによります。

Es hängt davon ab, wann die Party ist. Unter Umständen kann ich nicht kommen.

パーティがいつ催されるかによるよ。事と次第によっては行けないかもしれないね。

ワンポイント 『unter Umständen』場合によっては

53 〜は重要ではない、〜が問題ではない

Es kommt nicht auf 〜 an

基本フレーズ

エス　コムトゥ　ニヒトゥ　アウフ　ゲルトゥ　アン
Es kommt nicht auf Geld an.
お金のことは重要じゃないの。

こんなときに使おう！
お金よりもっと重要なことがあると言いたい時に…

ankommenは元々「到着する」という意味の強変化の分離動詞です。非人称esが主語になりauf 〜と一緒に使われると、「〜にかかっている、〜が問題である、〜が重要である」という意味になります。最初の「〜にかかっている」という意味合いから、状況によっては、前課のパターン52で扱っている『Es hängt von 〜 ab』とほとんど同じ意味で使われることもあります。

例　Es hängt von dir ab.　　（それは君次第だよ）
　　Es kommt auf dich an.　　（それは君にかかっているよ）

「〜が〜することが重要である」と表現したい時には、auf がdaraufとなって、その後にdassで導かれる副文や間接疑問文が置かれます。daraufは副文の内容を指します。

基本フレーズにもあるように、多くの場合、否定の形で使われ、肯定形と否定形を合わせて「〜が問題ではなく、〜が問題なのである」と表現されることもよくあります。

●基本パターン●

Es ＋ an/kommenの活用形 ＋ nicht ＋ 前置詞 auf ＋ 名詞の4格 .

~は重要ではない、~が問題ではない／Es kommt nicht auf ~ an

ankommenの現在形の人称変化

ich (私)	du (あなた・君 〔親称〕)	er / sie / es (彼/彼女/それ)	wir (私たち)	ihr (あなたたち・ 君たち)	sie / Sie (彼ら／ あなた〔敬称〕)
komm-e an	komm-st an	komm-t an	komm-en an	komm-t an	komm-en an

注 esが主語なので、3人称単数の活用形しか使われません。

基本パターンで言ってみよう！ CD-53

エス コムトゥ アウフ イェーデ クライニッヒカイトゥ アン
Es kommt auf jede Kleinigkeit an.

ちょっとした些細なことでも重要なのです。

エス コムトゥ アウフ ディー クヴァリテートゥ アン ウントゥ ニヒトゥ アウフ ディー クヴァンティテートゥ
Es kommt auf die Qualität an, und nicht auf die Quantität.

量ではなく、質が重要なのです。

ワンポイント (e)『Qualität』質　(e)『Quantität』量

アウフ アイン パア ターゲ コムトゥ エス ニヒトゥ アン
Auf ein paar Tage kommt es nicht an.

数日違っていても問題ではないよ。

エス コムトゥ ダラウフ アン ヴァス ドゥ トゥーストゥ ニヒトゥ ヴァス ドゥ ザークストゥ
Es kommt darauf an, was du tust, nicht was du sagst !

大切なのは君が何をするかで、何を言うかではないよ。

エス コムトゥ イム レーベン ニヒトゥ ダラウフ アン ヴァス マン ハットゥ
Es kommt im Leben nicht darauf an, was man hat,

ゾンデルン ヴェーン マン ハットゥ
sondern wen man hat. 人生で大切なことは、何を持っているかではなく、誰がいてくれるかである。

ワンポイント 『nicht ~ , sondern ...』~ではなく…である（パターン72参照）

54 ～ってこと？ ～という意味？

Heißt das, dass ～ ?

基本フレーズ

ハイストゥ　ダス　　　　ダス　ドゥー　ニヒトゥ
Heißt das, dass du nicht
ミットゥコメン　　カンストゥ
mitkommen kannst?
それって、一緒に行けなくなったってこと？

こんなときに使おう！
相手から突然行けないと言われ、確かめたい時に…

　heißenはパターン2で扱っているように、名前を紹介する時に使われる動詞ですが、それ以外にも、「これは～ということである」と、何かの内容を説明する時にも使われます。多くの場合、dassで導かれる副文が続きます。ここでは、dasはその直前に述べられた内容を指します。

　『Heißt das, dass ～ ?』と同じような意味で使われるのが『Meinst du, dass ～ ? / Meinen Sie, dass ～ ?』という表現です。meinenはもともと「～と考える、～という意見である」という意味を持ちます。『Ich meine dich』というと「あなたのことを言っているのよ」という意味になり、『Was meinst du damit (mit diesen Worten) ?』とたずねると、「それはどういう意味なの？」というニュアンスになります。

●基本パターン●

Heißt ＋ das , dass ＋ 副文 ?

meinenの活用形 ＋ 主語 , dass ＋ 副文 ?

～ってこと？ ～という意味？／Heißt das, dass ～ ?

meinen の現在形の人称変化

ich (私)	du (あなた・君 〔親称〕)	er / sie / es (彼／彼女／それ)	wir (私たち)	ihr (あなたたち・ 君たち)	sie / Sie (彼ら／ あなた〔敬称〕)
mein-e	mein-st	mein-t	mein-en	mein-t	mein-en

基本パターンで言ってみよう！　　　CD-54

ハイストゥ ダス　ダス ヴィア モルゲン ガール ニヒトゥ ツア シューレ ゲーエン ミュッセン
Heißt das, dass wir morgen gar nicht zur Schule gehen müssen?

僕たち明日学校に行かなくていいってことなの？

ハイストゥ ダス　ダス デア ツーク アイネ ハルベ シュテュンデ フェアシュペートゥングハットゥ
Heißt das, dass der Zug eine halbe Stunde Verspätung hat?

列車は30分遅れているということですか？

マインストゥ ドゥー　ダス ドゥー ニヒトゥ メア アン ウンゼレム プロイェクトゥ
Meinst du, dass du nicht mehr an unserem Projekt

タイルネーメン ヴィルストゥ
teilnehmen willst?

つまり、私たちのプロジェクトにもう参加したくないということなの？

ハイストゥ ダス　ダス ヴィア デン プラーン フェアエンデルン ミュッセン
Heißt das, dass wir den Plan verändern müssen?

僕たち計画を見直さないといけないってことかい？

マイネン ジー　ダス ヴィア ニヒトゥ メア ヒア ヴォーネン デュルフェン
Meinen Sie, dass wir nicht mehr hier wohnen dürfen?

私たちはこれ以上ここに住んではいけないということなのですか？

201

55 普通は〜

normalerweise 〜

基本フレーズ

ノルマーラーヴァイゼ　シュテーエイッヒ　ウム　ジーベン　アウフ
Normalerweise stehe ich um sieben auf.
普通は７時に起きます。

こんなときに使おう！
普通は何時に起きるのと聞かれて…

normalは「普通の、一般の、ノーマルな」という意味です。このような多くの形容詞に接尾辞 –weiseが付き、–er– が真ん中に入って結ばれると、例えばnormal–er–weiseとなります。これは「普通は、一般には」という意味ですが、多くの場合「〜なことに」というニュアンスになります。

例
komisch	→ komisch–er–weise	奇妙なことに
lustig	→ lustig–er–weise	愉快なことに
glücklich	→ glücklich–er–weise	幸運なことに、幸いなことに
erfreulich	→ erfreulich–er–weise	うれしいことに、おかげ様で
ärgerlich	→ ärgerlich–er–weise	腹立たしいことに
dumm	→ dumm–er–weise	バカなことに
erstaunlich	→ erstaunlich–er–weise	驚いたことに
verwunderlich	→ verwunderlich–er–weise	不思議なことに

● 基本パターン ●

Normalerweise ＋ 動詞の活用形 ＋ 主語 ＋（動詞が必要とすれば）目的語など．

普通は～／normalerweise ～

基本パターンで言ってみよう！　　CD-55

Normalerweise gehe ich am Vormittag ins Fitnesszentrum.
ノルマーラーヴァイゼ　ゲーエ　イッヒ　アム　フォアミターク　インス フィットゥネスツェントゥルム

普通は、私は午前中フィットネスセンターに行きます。

Normalerweise gehe ich erst um Mitternacht ins Bett.
ノルマーラーヴァイゼ　ゲーエ　イッヒエアストゥ ウム　ミッターナハトゥ　インス ベットゥ

普通は、私は真夜中の12時に（なってやっと）床に就きます。

ワンポイント　(e)『Mitternacht』真夜中

Sie fährt normalerweise mit der Bahn zur Arbeit.
ジー フェアトゥ　ノルマーラーヴァイゼ　ミットゥ デア　バーン　ツア アルバイトゥ

彼女はふだん電車に乗って仕事に行く。

Er schläft normalerweise sieben Stunden.
エア シュレーフトゥ　ノルマーラーヴァイゼ　ジーベン　シュトゥンデン

彼は普通、7時間寝ます。

In Japan scheint im Winter normalerweise viel Sonne.
イン ヤーパン　シャイントゥ イム ヴィンター　ノルマーラーヴァイゼ　フィール ゾネ

日本では普通、冬にたくさん陽が照る。

Normalerweise arbeiten Japaner sehr lange.
ノルマーラーヴァイゼ　アルバイテン　ヤパーナー　ゼア　ランゲ

一般的に日本人はとても長く働きます。

Ⅱ 使える！頻出パターン51

56 驚いたことに
zu meiner Überraschung

基本フレーズ

Zu meiner Überraschung hat meine Freundin plötzlich geheiratet.
ツー　マイナー　ユーバーラッシュンク　ハットゥ　マイネ　フロインディン　プレッツリッヒ　ゲハイラーテットゥ

驚いたことに、友達が突然、結婚したの。

こんなときに使おう！
驚いたことを語る時に…

Überraschungは「驚き」という意味の名詞です。この前に「私の」という所有冠詞、さらにその前に前置詞zuが付いて「～驚いたことに」というニュアンスになります。

他の人の驚きを表現する時には、その人を表す所有冠詞が付きます。

パターン55で扱った『erstaunlicherweise』という表現も「驚いたことに」という意味ですが、「驚き」という意味の名詞 Erstaunenを使って『zu meinem Erstaunen』と言い換えることもできます。

例　Zu seinem Erstaunen hat er im Lotto gewonnen.
　　（彼自身驚いたことに、宝くじに当たった）

ワンポイント　『gewonnen』強変化動詞gewinnenの過去分詞。

また、「うれしいことに」という意味で、「喜び」という意味の名詞Freudeを使って『zu meiner Freude』と、zuを頭に置いて同じような形で表現することができます。

基本パターン

Zu ＋ 3格の所有冠詞 ＋ Überraschung ＋ 動詞の活用形 ＋ 主語 ＋ (動詞が必要とすれば) 目的語など ．

驚いたことに／zu meiner Überraschung

基本パターンで言ってみよう! CD-56

Zu meiner großen Überraschung ist meine Mutter plötzlich gestorben.
本当に驚いたことに、母が急に他界してしまいました。

Zu unserer Überraschung hat das altbekannte Ryokan geschlossen.
驚いたことに、あの老舗旅館が閉鎖されてしまった。

> ワンポイント　(s)『Ryokan』日本独特の言葉なのでこう言われるが、das Hotel im japanischen Stilと説明してもよい。『geschlossen』はschließenの過去分詞で、ここでは「閉まる」という自動詞。

Zu unserer großen Überraschung ist der Vulkan Ontake plötzlich ausgebrochen.
とても驚いたことに、御嶽山が突然、噴火しました。

> ワンポイント　『aus/brechen』強変化の分離動詞で、天災・戦争・伝染病などが勃発する時に使われる。完了形はseinと共に作られる。

Zu meiner Überraschung kommt morgen meine alte Freundin zu mir.
驚いたことに、明日、旧友が私の家にやって来るの。

これも知っておこう!

日本語では「私の家に来てください」のように「家」という言葉がよく使われますが、ドイツ語では「人」を中心に据えて表現されます。つまり「私がいる（住んでいる）ところに来てください」という意味で『Kommen Sie zu mir』と表現され、「私の家では」と言いたい時も「私のところでは」という意味で『bei mir』あるいは『bei mir zu Hause』と表現されます。

57 念のために

vorsichtshalber

基本フレーズ

Nimm vorsichtshalber einen Regenschirm mit!
ニム フォアジヒツハルバー アイネン レーゲンシルム ミットゥ
念のために傘を持って行きなさいよ。

こんなときに使おう！
雨が降るかもしれないから傘を持って行ったほうがいいよ、と助言してあげたい時に…

接尾辞 –halberは名詞と組み合わされ、「〜のために」という意味を表します。「〜のために」というのは「〜を成就させるために」というケースと「〜のせいで、〜の理由で」というケースがあります。

例	gerechtigkeit–s–halber	公正をきすために
	krankheit–s–halber	病気のせいで

Vorsichtというのは元々「用心、注意」という意味の名詞ですが、vorsicht–s–halberという組み合わせた形になると、先に挙げたほうのニュアンスで使われ、「念のために」という意味になります。

基本パターン

Vorsichtshalber ＋ 動詞の活用形 ＋ 主語 ＋（動詞が必要とすれば）目的語など．

念のために／vorsichtshalber

基本パターンで言ってみよう！　CD-57

Vorsichtshalber gebe ich dir meine Telefonnummer.

念のために、あなたに電話番号を渡しておくわ。

Du solltest **vorsichtshalber** noch einen Tag im Bett bleiben.

念のために、もう一日ゆっくり横になっていたほうがいいよ。

> ワンポイント 『sollten』はパターン71参照。

Sie sollten diese Unterlagen **vorsichtshalber** kopieren.

念のために、これらの資料をコピーされたほうがよろしいですよ。

> ワンポイント (e)『Unterlage』資料、書類

Vorsichtshalber reservieren wir im Restaurant einen Tisch.

念のために、レストランでテーブルを予約しておこう。

Es ist heute kalt. **Vorsichtshalber** nehme ich eine Jacke mit.

今日は寒いから、念のために上着を持って行くよ。

Du musst **vorsichtshalber** noch einmal kontrollieren, ob alle Fenster geschlossen sind.

窓が全部閉まっているかどうか、念のためにもう一度チェックしろよ。

> ワンポイント 『ob』は、「～かどうか」という意味を表す接続詞。

58 よりによって
ausgerechnet

基本フレーズ

アウスゲレヒネットゥ　　ホイテ　レーグネットゥエス
Ausgerechnet heute regnet es.
よりによって今日は雨が降っている。

こんなときに使おう！
ぜひ晴れてほしかった今日、雨が降って残念な気持ちを伝えたい時に…

ausrechnenは元々「計算し尽くす」という弱変化の分離動詞です。この過去分詞がausgerechnetという形で、独立して副詞として使われると「よりによって」という意味になります。この副詞ausgerechnetは名詞の直前や副詞句の前に置かれ、それぞれを修飾します。

例1　Ich habe mir ausgerechnet die rechte Hand verletzt und kann nicht schreiben.
（僕はよりによって右手を負傷して書けないんだ）

例2　Wollt ihr uns ausgerechnet am nächsten Wochenende besuchen? Da sind wir leider verreist.
（よりによって次の週末、訪ねて来るの？
　私たち、あいにくその時は旅行に出かけているの）

● **基本パターン** ●

| ausgerechnet | ＋ | 名詞(主語) | ＋ | 動詞の活用形 | ＋ | (動詞が必要とすれば) | ＋ | 目的語など | ． |

| 主語 | ＋ | 動詞の活用形 | ＋ | ausgerechnet | ＋ | 名詞(目的語) | ． |

| 主語 | ＋ | 動詞の活用形 | ＋ | ausgerechnet | ＋ | 副詞句 | ＋ | (動詞が必要とすれば) | 目的語など | ． |

よりによって／ausgerechnet

基本パターンで言ってみよう！　　　CD-58

Ich bin überrascht, dass ausgerechnet du den Termin vergessen hast.

よりによって君が約束の日にちを忘れるとは、驚いたね。

Sein Autounfall ist ausgerechnet an seinem Geburtstag passiert.

彼の交通事故は、よりによって彼の誕生日に起こってしまった。

> ワンポイント (r)『Autounfall』交通事故

Sie hat ausgerechnet am Prüfungstag Fieber bekommen.

彼女は、よりによって試験の日に熱を出してしまった。

Er hatte ausgerechnet auf einer Konferenz die Unterlagen nicht dabei.

彼は、よりによって会議の席で書類を持ち合わせていませんでした。

59 本当のことを言うと、正直言うと

um die Wahrheit zu sagen,

基本フレーズ

Um die Wahrheit zu sagen, habe ich keine Lust auf eine Radtour.
ウム ディー ヴァールハイトゥ ツー ザーゲン ハーベ イッヒ カイネ ルストゥ アウフ アイネ ラートゥトゥア

本当のことを言うと、サイクリングに行きたくないなあ。

こんなときに使おう！

自分の本当の気持ちを伝えたい時に…

※パターン47参照

　Wahrheitは「真実」という意味で、『um die Wahrheit zu sagen』という形で、多くの場合、文頭に置かれ、「本当のことを言うと」「正直言うと」という意味で、独立した文のように使われたり、また挿入句のように文中に置かれることもあります。

　ehrlichは「正直な、誠実な」という意味の形容詞および副詞です。『ehrlich gesagt』という表現も、『um die Wahrheit zu sagen』と同じ意味で、同じように使われます。

　口頭で使われる時には『Um die Wahrheit zu sagen』とまず口に出して、一呼吸おいて本当のことを打ち明けるケースが多く、その場合にはコンマがコロンや「…」の役割を果たし、すぐその後に動詞が置かれるのではなく、動詞は定動詞の位置を取ります。上の例で言うと『Um die Wahrheit zu sagen... ich habe keine Lust auf eine Radtour.』となります。

本当のことを言うと、正直言うと／um die Wahrheit zu sagen,

●基本パターン●

Um die Wahrheit zu sagen , 動詞の活用形 ＋ 主語 ＋ （動詞が必要とすれば） 目的語など .

Ehrlich gesagt , 動詞の活用形 ＋ 主語 ＋ （動詞が必要とすれば） 目的語など .

基本パターンで言ってみよう！　CD-59

Um die Wahrheit zu sagen, kann ich nicht so gut Rad fahren.
実を言うと、私、あんまり上手に自転車に乗れないの。

Ehrlich gesagt, möchte ich nicht am Projekt teilnehmen.
正直言うと、僕プロジェクトに参加したくないんだ。

Um die Wahrheit zu sagen, verstehe ich nicht viel von Politik.
本当のことを言うと、私、政治のことよくわからないの。

Er ist, ehrlich gesagt, mit seiner Arbeit nicht zufrieden.
彼、実を言うと、仕事に満足してないんだ。

Um die Wahrheit zu sagen, passt uns der Termin nicht.
本当のことを言うと、その予定、私たちにとって都合悪いんです。

Ehrlich gesagt, habe ich keine Ahnung.
本当のところ、何も知らないんです。

Ehrlich gesagt, steht dir der rote Mantel nicht.
正直に言うと、その赤いコート、あなたには似合わないわ。

60 …からずっと～している

seit ＋ 名詞の3格 ＋ 動詞（直説法現在形）

基本フレーズ

ザイトゥ アイネム ヤール レルネ イッヒ ドイチュ
Seit einem Jahr lerne ich Deutsch.
この1年、ドイツ語を習っています。

こんなときに使おう！
「いつから？」「どれくらいの期間？」と聞かれて、答える時に…

---

　seit は英語の since と同じように、過去の時点・行事・出来事などを示す語と一緒に「その時点以来、今までずっと」という意味で使われます。しかも、seit はさかのぼる期間の長さを示す語と一緒に「この期間、今までずっと」という意味でも使える便利な前置詞です。

　since が現在完了形で使われるケースが多いのに対して、seit はほとんどの場合、現在形で使われます。

　また「～して以来～である」と文と文をつなぐ場合には、接続詞 seitdem が使われるのですが、ドイツ人の中にはseit をseitdem を短縮した形として、接続詞として扱う人々も結構います。

　ちなみに、見出しの例文に対する質問は『Seit wann？（いつから？）』および『Wie lange？（どれくらいの期間？）』となります。

●基本パターン●

Seit ＋ 名詞の3格（過去の時点・行事・出来事などを示す語、または過去の時点から今までの期間）．

Seitdem ＋ 副文 ， 動詞の活用形 ＋ 主語 ＋ （動詞が必要とすれば）目的語など．

…からずっと〜している／seit＋名詞の3格＋動詞（直説法現在形）

基本パターンで言ってみよう！　　　CD-60

Dieser Deutsche lebt seit siebeneinhalb Jahren in Japan.

そのドイツ人は7年半、日本に住んでいます。

ワンポイント　『–einhalb』「〜半」や「＋0.5」を表す便利な表現。

Der Chef ist seit einer Woche auf Dienstreise.

チーフはこの1週間、出張に出ています。

Seit dem Tod ihres Ehemannes hat sie alleine gelebt.

彼女はご主人の死後、独り身を貫いた。

Seit Anfang der Woche regnet es die ganze Zeit.

今週の初めから雨ばかり降っています。

Seitdem ich einen Hund habe, gehe ich jeden Morgen mit ihm spazieren.

犬を飼って以来、毎朝犬と一緒に散歩します。

Sie hat kaum mehr Zeit für sich, seitdem sie Kinder hat.

彼女は子供たちができてから、ほとんど自分のために使える時間がない。

61 〜するために

um + zu不定詞

基本フレーズ

ホイテ　ゲートゥ　ジー　インディーシュタットゥ
Heute geht sie in die Stadt,
ウム　アイン　ノイエス　クライトゥ　ツー　カウフェン
um ein neues Kleid zu kaufen.
今日彼女は新しい服を買うために
街に行きます。

こんなときに使おう！
「どんな目的で行くの？」と聞かれて、答える時に…

---

　um も zu も前置詞ですが、組み合わされて英語の『in order to』と同じ意味に使われ、達成されるべき目標、目的が表現されます。

　注意しなければいけないのは、『in order to』の場合にはtoのすぐ後に動詞の不定詞が置かれ、さらにその後に他のすべての文の成分が続くのに対して、『um zu』ではzuの後には不定形（原形）の動詞のみが置かれ、それ以外の文の成分はumとzuの間に挿入されます。

　さらに『um + zu不定詞』の構文で重要なことは、必ず主文の主語とzu不定詞句の内容上の主語（主語は現れません）が同一のものであるということです。同一でない場合には、damitという接続詞で導かれる副文が続き、副文の主語が2つ目の主語になります。

　「明日、僕はガールフレンドの両親に初めて会うために、彼女の家を訪ねるんだ」は次のように2通りの文で表せます。

・Morgen besuche ich meine Freundin, um ihre Eltern kennenzulernen.
・Morgen besuche ich meine Freundin, damit sie mich ihren Eltern vorstellen kann.（直訳：僕のガールフレンドが僕を彼女の両親に紹介してくれる目的で、明日、僕は彼女の家を訪ねる。）

〜するために／um＋zu不定詞

● 基本パターン ●

文 , um ＋ （動詞が必要とすれば）目的語など ＋ zu ＋ 動詞の不定形（原形） 〜 .

主語1 ＋ 動詞の活用形 ＋ （動詞が必要とすれば）目的語など , damit ＋ 主語2 ＋ （動詞が必要とすれば）目的語など ＋ 動詞の活用形 .

基本パターンで言ってみよう！　CD-61

Mein Mann und ich treiben jetzt viel Sport, um gesund und fit zu bleiben.
夫と私は、健康と体調を良好に保つために、現在たくさんスポーツをしています。

Um pünktlich aufzustehen, hat er den Wecker gestellt.
彼は、ちゃんと時間通りに起きられるように、目覚まし時計をセットした。

ワンポイント (r)『Wecker』目覚まし時計

Ich rannte, um den Bus zu erreichen.
バスに間に合って乗れるように走った。

ワンポイント 『erreichen』弱変化する非分離動詞で「〜に到達する」の意。

Wir helfen dir, damit du bis morgen mit der Arbeit fertig bist.
あなたが明日までに仕事を終えられるよう手伝ってあげましょう。

62 〜する代わりに

statt + zu不定詞

基本フレーズ

Statt ins Museum (**zu**) gehen)
können wir ins Kino gehen.
博物館に行く代わりに映画を観に行こうよ。

こんなときに使おう！
もう一つの可能性を強くすすめたい時に…

　statt は2格の名詞と一緒に使われる前置詞で、「〜の代わりに」という意味です。名詞の代わりに、基本フレーズのように前置詞句やzu不定詞が続く場合も多くあります。不定詞句が続く場合には、「〜する代わりに〜する」という意味になります。ここで使われているkönnen（パターン12, 15, 16参照）は可能性を表すだけではなく、相手を誘う意味合いも含みます。

　同じ内容を『nicht ... sondern』を使って表現することもできます。例えば上の例文は次のように書き換えることもできます。

　Lass uns nicht ins Museum, sondern ins Kino gehen.
　（博物館に行くのではなく、映画を観に行こうよ）
　※lass unsという表現はパターン64参照。

●基本パターン●

statt ＋ 名詞の2格 / 前置詞句 .

statt ＋ (動詞が必要とすれば) 目的語など ＋ zu ＋ 動詞の不定形（原形） .

~する代わりに／statt＋zu不定詞

基本パターンで言ってみよう！　CD-62

Er faulenzte statt zu arbeiten.
彼は仕事もせず、怠けてばかりいた。

Statt gleich den Lehrer zu fragen, solltest du selbst das Problem lösen.
すぐに先生に聞かないで、自分で問題を解いてみるべきだよ。

> ワンポイント　『solltest』～したほうがよい、～するべき

Für die Umwelt sollte man statt mit dem Auto mit der Bahn fahren.
環境のためには車ではなく、電車を利用したほうがよいよ。

Statt eine Plastiktüte zu bekommen, sollte man seine eigene Einkaufstasche mitnehmen.
レジ袋をもらう代わりに、買い物用のマイバッグを持参すべきですよ。

> ワンポイント　(e)『Plastiktüte』ビニール袋

Statt der Blume habe ich Ihnen einen selbst gebackenen Kuchen mitgebracht.
お花の代わりにホームメードのケーキをお持ちしました。

> ワンポイント　『gebacken』強変化動詞backen（焼く）の過去完了形。ここでは形容詞として使われている。

63 ～しようよ！

Wollen wir ＋ 動詞の原形 ？

基本フレーズ

ヴォレン　ヴィア　ホイテ　アーベントゥ　インス　キーノ
Wollen wir heute Abend ins Kino
ゲーエン
gehen?
今晩、映画を観に行こうよ！

こんなときに使おう！
友達と一緒に今晩の予定を語る時に…

　話法の助動詞möchten が、やんわりと願望を表現したい時に使われるのに対して、「〜したい」という気持ちを強く表したい時にwollenが使われます。

　ただ、このwollenは強い希望を表すので、1人称でwollenをたくさん使って願望を前面に押し出すと、相手やシチュエーションによっては、こちらがあまりにも我を通そうとしているように取られてしまうので気をつけましょう。

　wollenを文の先頭に置くと、「〜しようよ！」と呼びかけて誘う表現になり、友達同士ではとてもよく使われる表現です。

　また、wollen と文の最後に動詞の原形を組み合わせる代わりに、動詞を文の先頭に置く表現も好んで使われます。例えば基本フレーズの文は『Gehen wir heute Abend ins Kino!』とも言うことができます。

～しようよ！／Wollen wir＋動詞の原形？

●基本パターン●

Wollen ＋ wir ＋（動詞が必要とすれば）目的語など ＋ 動詞の原形 ？

動詞（直説法現在形）＋ wir ＋（動詞が必要とすれば）目的語など ！

wollen の現在形の人称変化

ich （私）	du （あなた・君〔親称〕）	er / sie / es （彼／彼女／それ）	wir （私たち）	ihr （あなたたち・君たち）	sie / Sie （彼ら／あなた〔敬称〕）
will-X	will-st	will-X	woll-en	woll-t	woll-en

話法の助動詞の現在形の人称変化は、強変化動詞の過去人称変化と基本的に同じ形を取り、ich と du と er / sie / es の活用形の母音が o から i に変化します。

wollen の過去形の人称変化

ich （私）	du （あなた・君〔親称〕）	er / sie / es （彼／彼女／それ）	wir （私たち）	ihr （あなたたち・君たち）	sie / Sie （彼ら／あなた〔敬称〕）
woll-te	woll-test	woll-te	woll-ten	woll-tet	woll-ten

話法の助動詞の過去形の人称変化は、弱変化動詞の過去人称変化と同じ形を取ります。重要な点は、この過去形は möchten の過去形としても使われます。

基本パターンで言ってみよう！ CD-63

Wollen wir zusammen zu Mittag **essen**?

(= **Essen wir** zusammen zu Mittag!)

一緒にお昼ご飯を食べましょうよ！

Wollen wir Musik **hören**?

(= **Hören wir** Musik!)

音楽を聴こう！

Wollen wir nach dem Weg **fragen**?

(= **Fragen wir** nach dem Weg!)

道をたずねてみよう！

> ワンポイント 『nach fragen』〜（のこと）をたずねる

Wollen wir zusammen Deutsch **lernen**?

(= **Lernen wir** zusammen Deutsch!)

一緒にドイツ語を習おうよ！

Wollen wir ein Taxi **nehmen**?

(= **Nehmen wir** ein Taxi!)

タクシーを拾いましょう！

コラム ⑥

ドイツの食事 ②

　日本では一日の食事の中で夕食が一番メインですが、ドイツでは昼食です。朝ご飯と晩ご飯には、一般的にkaltes Essenと呼ばれる、火を使わない食事がとられ、パンにいろいろなものを塗ったり載せたりして食べます。

　最近は外で働くお母さんが急増しているので、温かい食事は家族が揃う週末しかとらないという家庭も多く見られます。

kaltes Essen

64 ～させて！ ～しよう！

Lass(t) mich / uns ＋ 動詞の原形 ！

基本フレーズ♪

Lasst uns anstoßen!
ラストゥ ウンス アンシュトーセン

乾杯しよう！

こんなときに使おう！
祝賀パーティなどで「おめでとう！」とお祝いを述べた後に…

---

lassen は英語のletに当たる（助）動詞で、その命令形がここでは使われています。「～させて」という表現には次のいろいろなケースがあります。

1人の相手に、こちらも1人で何かをさせてほしいと呼びかける場合には『Lass mich ～ !』となり、2人で何かを一緒にしようと誘うのであれば『Lass uns ～ !』という形になります。

相手が2人以上の場合には、それぞれ『Lasst mich ～ !』および『Lasst uns ～ !』となります。

これらの表現は、一般的には親称duで呼び合う相手との間でよく使われますが、敬称Sieで呼び合っている相手に対しては『Lassen Sie mich / uns ～ !』という形になります。

● 基本パターン ●

lassenの命令形 ＋ mich / uns ＋ （動詞が必要とすれば）目的語など ＋ 動詞の原形 ！

〜させて！ 〜しよう！／Lass(t) mich / uns ＋動詞の原形！

基本パターンで言ってみよう！　　CD-64

Lass mich selbst nachrechnen!
僕に計算をもう一度確かめさせてくれ！

Lass mich unsere Fahrkarten besorgen!
私に私たち2人分の列車の切符を手配させて！

Lass uns zusammen einkaufen gehen!
2人で一緒にショッピングに行きましょうよ！

Lasst mich euch durch die Stadt führen!
あなたたちにこの街の案内をさせてね！

Lasst uns eine Abschiedsparty feiern!
送迎会を開きましょうよ！

Lasst uns im nächsten Monat einmal treffen!
来月、一度会うことにしよう！

Lassen Sie es mich noch einmal versuchen!
私にもう一度やらせてください！

Lassen Sie uns eine gute Lösung finden!
我々に何か良い解決策を見つけさせてください！

ワンポイント (e)『Lösung』解答、解決策

65 そんなに〜じゃないよ

nicht so ＋ 形容詞・副詞の原級 ＋ wie

基本フレーズ

イム ゾマー イストゥエス イン ドイチュラントゥ
Im Sommer ist es in Deutschland
ニヒトゥ ゾー ハイス ヴィー イン ヤーパン
nicht so heiß wie in Japan.
ドイツの夏は日本よりそんなに暑くないよ。

こんなときに使おう！
ドイツの夏ってどのぐらい暑いのかなあって聞かれた時に…

『 A ist so＋ 形容詞の原級 ＋wie B 』で「AはBと同じくらい〜だ」という意味です。

例　Deutschland ist etwa so groß wie Japan.
　　（ドイツは面積において、日本と大体同じくらい大きいです）

そこにnicht soが付くと、「AはBほどそんなに〜ではない」という意味になります。形容詞の後に名詞が置かれる場合も多くあります。

例　Deutschland hat nicht so viele Einwohner wie Japan.
　　（ドイツの人口は日本ほど多くありません）

ドイツ語では基本的に、形容詞は接尾語などを付けずにそのままの形で副詞として使うことができます。この表現で形容詞の代わりに副詞が置かれると、「AはBほどそんなに〜しない」という意味になります。

例　Alle anderen Japaner spielen nicht so gut Tennis wie Kei.
　　（他のどの日本人もKeiほど上手にテニスのプレーができない）

そんなに〜じゃないよ／nicht so＋形容詞・副詞の原級＋wie

　また、この表現は下記の例のように、nichtの代わりに否定の名詞を主語にすると、wieの後の名詞が最高であることを示し、最上級の意味を表すこともできます。

例　Kein Japaner spielt so gut Tennis wie Kei.
（Keiはどの日本人よりもテニスが上手い）

Kein anderer Berg in der Welt ist so hoch wie der Mt. Everest.
（世界の他のどの山も、エヴェレスト山ほど高くはない。
→ エヴェレスト山は世界のどの山よりも高い。）

●基本パターン●

主語 ＋ 動詞の活用形 ＋ nicht so ＋ 形容詞・副詞の原級 ＋ wie ．

基本パターンで言ってみよう！　　　　CD-65

ベルリン　イストゥ　ニヒトゥ　ゾー　グロース　ヴィー　トキョ
Berlin ist nicht so groß wie Tokyo.
ベルリンは東京ほど大きくありません。（面積でも人口でも）

ドイチュラントゥ　ハットゥ　ニヒトゥ　ゾー　フィーレ　ミリオーネンシュテッテ　ヴィー　ヤーパン
Deutschland hat nicht so viele Millionenstädte wie Japan.
ドイツは日本ほど百万都市が多くありません。

ディ　ツークシュピッツェ　イストゥ　ニヒトゥ　ゾー　ホーッホ　ヴィー　デア　フジ
Die Zugspitze ist nicht so hoch wie der Fuji.
ツークシュピッツェは富士山ほど高くありません。

ワンポイント　die Zugspitzeは標高2962mのドイツで一番高い山。

ダス　エーエパア　イストゥ　ノッホ　ニヒトゥ　ゾー　ランゲ　フェアハイラーテットゥ　ヴィー　ヴィア
Das Ehepaar ist noch nicht so lange verheiratet wie wir.
あの夫婦はまだ私たちほど長く結婚していません。

66 Aのほうが B より～

A ist ＋ 形容詞の比較級 ＋ als B

基本フレーズ

Der Biwa-See ist größer als der Bodensee.
デア ビワ・ゼー イストゥ グレーサー アルス デア ボーデンゼー

琵琶湖はドイツのボーデン湖より大きいです。

こんなときに使おう！
「どちらが大きい？」と聞かれた時に…

※ボーデン湖：ドイツ、スイス、オーストリアの国境にある、ドイツ最大の湖。

2つのものを比較する時に、通常前課（パターン65）で挙げた『nicht so ＋ 形容詞・副詞の原級 ＋wie』という表現と、この課で扱う『形容詞の比較級 ＋als』という表現が使われます。

『 A ist ＋ 形容詞の比較級 ＋als B 』で「AのほうがBより優っている（大きい、小さい、高い、低い）」という意味です。

形容詞の比較級は、基本的には原級（基本形）にerを付けます。また3つ以上のものを比較する時に、その中の最高のものには最上級が適用され、基本的には原級（基本形）にstを付けます。比較級と最上級の語尾変化は、詳しくはp.229に載せた表のグループに分かれます。

比較級の形容詞が付加語的に名詞の前に置かれる時には、比較級の語尾の後にさらに形容詞の活用語尾が付きます。

Meine jüngere Schwester hat ein größeres Haus.
（■ 比較級の変化および語尾　　■ 形容詞の活用語尾）
（私の妹は、私より大きな家を持っています）
→ 私の妹の家は、私のより大きいです。

AのほうがBより〜／A ist＋形容詞の比較級＋als B

また、最上級の形容詞が付加語的に名詞の前に置かれる時にも、語尾の後にさらに形容詞の活用語尾が付きます。この時、最上級を表す形容詞の前には定冠詞が付きます。

Die Zugspitze ist der höchste Berg in Deutschland.
（ツークシュピッツェはドイツで一番高い山です）

Der Berg Fuji ist höher als die Zugspitze.
(Aber der Mt. Everest ist der höchste Berg in der Welt.
（富士山はツークシュピッツェより高いです。
　でも、エベレスト山が世界で一番高いです。）
（■ 最上級の変化および語尾　　■ 形容詞の活用語尾）

前課でも述べたように、ドイツ語では基本的に形容詞はそのままの形で副詞として使うことができるので、比較級はそのまま副詞に適用されます。ただし、副詞を最上級で使用する場合、また形容詞を述語的に使う場合には『am＋最上級＋en』という形を取ります。

Welches Land ist am größten？
（どの国が一番大きいですか？）

Monique spricht besser Deutsch als George.
Aber Natalie spricht am besten Deutsch.
（モニークはジョージよりも上手にドイツ語を話します。
　でも、ナタリーが一番上手にドイツ語を話します。）

●基本パターン●

形容詞の比較級 + als 〜.

😊 基本パターンで言ってみよう！　　　　　CD-66

Gold ist teurer als Silber. Aber Platin ist am teuersten.

金は銀より値段が高いです。でも、プラチナが一番高いです。

Der Olympiaturm in München ist höher als der Big Ben in London. Der Eiffelturm in Paris ist aber am höchsten unter diesen drei Türmen.

ミュンヘンのオリンピック塔はロンドンのビッグベンよりも高い。

でも、パリのエッフェル塔がこの3つの塔の中では一番高い。

Die Universität Straßburg ist älter als die Humboldt-Universität Berlin. Die Karls-Universität in Prag ist aber die älteste Universität in Europa.

ストラスブール大学はベルリン・フンボルト大学よりも古い。

でも、プラハ・カレル大学はヨーロッパで一番古い大学です。

形容詞の原級・比較級・最上級の語尾変化

	原級	比較級	最上級	
1	lustig	lustig**er**	lustig**st**	基本形
2	stark	st**ä**rk**er**	st**ä**rk**st**	アクセントのある母音がウムラウト化
3	frisch	frisch**er**	frisch**est**	最上級にeが入る（d/t/s/t/sch/x/zの後）
4	teuer	teurer	teuer**st**	比較級teuerのrの前のeが落ちる
5	gern / lieb groß gut hoch nah viel / sehr	lieber größer besser höher näher mehr	liebst größt best höchst nächst meist	不規則変化 ☆ 最上級でstがtになる ☆ 比較級でcが落ちる ☆ 最上級でhがchになる

ひとことメモ

　ドイツにおける百万都市は、人口約350万人の首都ベルリン、約170万人のハンブルク、約140万人のミュンヘン、そして約百万人のケルンです。

67 〜すぎるよ、あまりにも〜だよ

zu ＋ 形容詞・副詞の原級

基本フレーズ

エス ダウエルトゥ ツー ランゲ ビス ツム ボーデンゼー
Es dauert zu lange bis zum Bodensee.
ボーデン湖まで行くのは時間がかかりすぎるよ。

こんなときに使おう！
どこに行こうかと相談している時に…

zuを形容詞と副詞の前に置くと、「〜すぎるよ、あまりにも〜だよ」という意味を表現することができます。

「〜するには〜すぎるよ」と表現したい時には、その後にumが付くzu不定詞句『um zu』を続けます。

例　Der Mann ist zu jung, um dieses wichtige Projekt allein durchzuführen.
（その重要なプロジェクトを一人で遂行するには、彼はあまりにも若すぎます）

2つの文の主語が異なる時には少し複雑になります。その場合、『als dass』という文が続き、動詞は接続法Ⅱの形を取ります。

例　Dieses Projekt ist zu schwer, als dass der junge Mann es allein durchführen könnte.
（このプロジェクトはあまりにも難しくて、その若い男の人が一人で遂行することはできません）

〜すぎるよ、あまりにも〜だよ／zu+形容詞・副詞の原級

●基本パターン●

zu + 形容詞・副詞の原級 .

基本パターンで言ってみよう！　　CD-67

Diese Schuhe sind mir zu groß.
ディーゼ　シューエ　ジントゥ　ミア　ツー　グロース

この靴は私には大きすぎるわ。

Das Auto ist zu teuer.
ダス　アウト　イストゥ　ツー　トイヤー

この車は高すぎる。

Du bist nur zu faul.
ドゥー　ビストゥ　ヌア　ツー　ファウル

君は（遺憾ながら）あまりにも怠け者だ。

Die Aufgabe ist zu schwierig.
ディー　アウフガーベ　イストゥ　ツー　シュヴィーリッヒ

この問題は難しすぎる。

Das Haus liegt zu weit vom Bahnhof entfernt.
ダス　ハウス　リークトゥ　ツー　ヴァイトゥ　フォム　バーンホーフ　エントゥフェルントゥ

この家は駅から遠すぎる。

ワンポイント　『weit entfernt von 〜』〜から遠く離れて

Viele Japaner trinken oft zu viel.
フィーレ　ヤパーナー　トゥリンケン　オフトゥ　ツー　フィール

多くの日本人は往々にして、たくさんお酒を飲みすぎます。

Er verdient zu wenig Geld, um ein Haus zu kaufen.
エア　フェアディーンストゥ　ツー　ヴェーニッヒ　ゲルトゥ　ウム　アイン　ハウス　ツー　カウフェン

彼は家を買うにはあまりにも稼ぎが少ない。

68 ～をいただきたいのですが

Ich hätte gerne ～

基本フレーズ

イッヒ　ヘッテ　ゲルネ　アイネン　テルミーン
Ich hätte gerne einen Termin.
予約を入れていただきたいのですが。

こんなときに使おう！
医院や美容室などで予約を入れたい時に…

　hätteはhabenの接続法Ⅱの形です（パターン39参照）。接続法を使うことによって、直接「〜がほしい」と強く希望を述べるのではなく、控えめで丁寧な表現にすることができます。これは基本的に「〜をいただきたいのですが」また「〜があればいいのですが」と、へりくだって婉曲的に述べたほうがコミュニケーションにおいてふさわしい場に使われます。

例　Ich hätte gerne schnell eine Antwort.
　　（お返事をすぐにいただきたいのですが）
　　Ich hätte gerne Aspirin ; Ich habe Kopfschmerzen.
　　（アスピリンをいただけますか、頭痛がするのです）

　さらに、「基本フレーズ」や「基本パターンで言ってみよう！」の例文のように、買い物やサービスを受ける時などにもよく使われます。

●基本パターン●

Ich hätte gerne ＋ 4格の目的語 ．

~をいただきたいのですが／Ich hätte gerne ~

基本パターンで言ってみよう！　　CD-68

Ich hätte gerne ein Bauernbrot.

バウアルンブロートを1つください。

> **ワンポイント**　『Bauernbrot』農家風の丸い黒パンで、ドイツの家庭でよく食べられる。1キロほどもある大きなパンで、スライスしてハムやチーズを載せて食べる。

Ich hätte gerne zwei Kilo Äpfel.

りんごを2キロください。

Ich hätte gerne zehn Briefmarken.

切手を10枚ください。

Ich hätte gerne eine Gemüsesuppe.

野菜スープをお願いします。〔レストランで〕

Ich hätte gerne noch eine Tasse Kaffee.

コーヒーをもう1杯お願いします。

Ich hätte gerne eine Fahrkarte zweiter Klasse nach München, hin und zurück.

ミュンヘンまでの2等の往復切符をください。

Ich hätte gerne deine Tipps.

助言してくれるとありがたいんだけれど。

Ich hätte gerne ein Foto von dir.

君の写真がほしいんだけれど。

69 〜だそうです

主語 + sollenの活用形 〜

基本フレーズ

ダス　ヴェター　ゾル　モルゲン　シェーン　ザイン
Das Wetter soll morgen schön sein.
明日はお天気がいいらしいよ。

こんなときに使おう！
明日のお天気はどうと聞かれた時に…

　パターン13で扱った話法の助動詞müssen が話者の意志を表すのに対して、sollenは話し手の意見ではなく、第三者の意志を反映させます。第三者とは、世間、公のメディア、先生、両親、また法律や医学書、聖書などに書かれている内容など、多くのものを指します。

　例えば、上司から、同僚の山田さんが4時に上司のところに来るようにと伝言を頼まれた時に、自分の意見を交えず第三者である上司の意志をそのまま反映させて、『Herr Yamada, Sie sollen um 4 Uhr beim Chef sein.』とsollenを使って表現できます。したがって、sollenが使われていると、それは話し手の意見ではないことがわかります。

●基本パターン●

主語 + sollenの活用形 + （動詞が必要とすれば）目的語など + 動詞の原形 .

sollen の現在形の人称変化

ich (私)	du (あなた・君 〔親称〕)	er / sie / es (彼／彼女／それ)	wir (私たち)	ihr (あなたたち・ 君たち)	sie / Sie (彼ら／ あなた〔敬称〕)
soll-**X**	soll-**st**	soll-**X**	soll-**en**	soll-**t**	soll-**en**

~だそうです／主語＋sollenの活用形~

話法の助動詞 sollen の現在形の人称変化は、強変化動詞の過去人称変化と基本的に同じ形を取ります。

基本パターンで言ってみよう！　　　CD-69

デア アルツトゥ ハットゥ ミア ゲザークトゥ ドゥー ゾルストゥ イム ベットゥ ブライベン
Der Arzt hat mir gesagt, du sollst im Bett bleiben.

お医者さんが、君は安静にしておくようにと言っていたよ。

ディー レーラリン ハットゥ ウンス エアツェールトゥ ディー プリューフンク ゾル ゼア シュヴェア ザイン
Die Lehrerin hat uns erzählt, die Prüfung soll sehr schwer sein.

試験はとても難しいって先生が話していたでしょ。

エス ゾル イン ドイチュラントゥ ショーン ゼア カルトゥ ザイン
Es soll in Deutschland schon sehr kalt sein.

ドイツではもうとても寒いらしいね。

エス ゾル アイネン ウンファル ゲゲーベン ハーベン
Es soll einen Unfall gegeben haben.

事故があったみたい。

カルトッフェル ゾレン ゼア フィール ヴィタミーン ツェーエントゥハルテン ウントゥ
Kartoffeln sollen sehr viel Vitamin C enthalten und

ゲズントゥ ザイン
gesund sein.

ジャガイモは多くのビタミンCを含み、体に良い食べ物だそうです。

ワンポイント　『enthalten』含む（強変化する非分離動詞）

⚠ ひとことメモ

リンゴ（(r) Apfel）と同じようにビタミンCが豊富なジャガイモは「大地（(e) Erde）のリンゴ」という意味でErdapfelとも呼ばれます。そこから、フライドポテトはPommes frites（フランス語で「揚げたリンゴ」）と言います。

70 ～しましょうか？

Soll ich ～ ? / Sollen wir ～ ?

基本フレーズ

ゾル　イッヒ　アイネン　ティッシュ　イム　レストラン
Soll ich einen Tisch im Restaurant

レザヴィーレン
reservieren?

僕がレストランの席を予約しておこうか？

こんなときに使おう！

気を利かせて、相手のために何かしようかとたずねる時に…

パターン69でsollenはmüssenと違って、話し手の意見ではなく、第三者の意志を反映させると説明しました。

sollenの使い方の一つとして、主語が1人称の時、sollenを入れた疑問文の形を取ると、相手の意向をたずねる表現になります。

●基本パターン●

sollenの活用形 ＋ 主語 (ich / wir) ＋ (動詞が必要とすれば) 目的語など ＋ 動詞の原形 ?

疑問詞 ＋ sollenの活用形 ＋ 主語 (ich / wir) ＋ (動詞が必要とすれば) 目的語など ＋ 動詞の原形 ?

~しましょうか？／Soll ich ～ ？/ Sollen wir ～ ?

基本パターンで言ってみよう！　　　　　　　　CD-70

Soll ich heute einkaufen gehen?

今日、買い物に行こうか？

Soll ich dir die Zeitung bringen?

新聞を持ってこようか？

Soll ich die Post aus dem Briefkasten holen?

郵便受けから郵便物を取ってこようか？

> ワンポイント　(r)『Briefkasten』郵便受け

Soll ich uns Tee machen?

お茶を入れようか？

Sollen wir lieber morgen kommen?

私たち、明日伺ったほうがよろしいですか？

Was sollen wir euch zur Party mitbringen?

何をパーティに持って行ったらいい？

Was soll ich sagen ...

何と言ったらいいかなぁ…

Wann soll ich wohin kommen?

何時にどこに行ったらいいのですか？

71 ～したほうがいいよ、～すべきだよ

主語 + solltenの活用形 ～

基本フレーズ

ドゥー ゾルテストゥ メア シュポルトゥ トゥライベン
Du solltest mehr Sport treiben.
君はもっとスポーツをしたほうがいいよ。

こんなときに使おう！
ある行いを強くすすめたい時に…

　solltenはsollenの接続法Ⅱの形です。sollenは第三者の意志を表すので、solltenは、誰が見ても本来そうすべきであるという意味合いを表します。そのニュアンスから、müssenを使った時のように話者の意見を押し付けることなく、主語にある行いを強くすすめたい時によく使われます。

　ただしmüssenは話者の意志を表し、何かをすすめる時に親身になり、自分の気持ちを入れ込んで放っておけないのに対して、solltenを使った時には、誰が見てもそうしたほうがいいですよとすすめはしますが、決定はその人にお任せしますというニュアンスが受け取れます。

●基本パターン●

主語 + sollten の活用形 + (動詞が必要とすれば) 目的語など + 動詞の原形 .

sollten（sollenの接続法Ⅱ）の人称変化

ich (私)	du (あなた・君〔親称〕)	er / sie / es (彼／彼女／それ)	wir (私たち)	ihr (あなたたち・君たち)	sie / Sie (彼ら／あなた〔敬称〕)
soll-**te**	soll-**test**	soll-**te**	soll-**ten**	soll-**tet**	soll-**ten**

~したほうがいいよ、~すべきだよ／主語＋solltenの活用形~

話法の助動詞sollenの接続法Ⅱの人称変化は、弱変化動詞の過去人称変化と同じ形を取り、sollenの過去形と全く同じ人称変化となります。

基本パターンで言ってみよう! CD-71

ダス ゾルテストゥ ドゥー アイゲントゥリッヒ ヴィッセン
Das solltest du eigentlich wissen.
本当は、あなたはそのことを知っていなければいけないのに。

ダイン ゾーン ゾルテ グライヒ ツム アルツトゥ ゲーエン
Dein Sohn sollte gleich zum Arzt gehen.
息子さん、すぐにお医者さんに看てもらったほうがいいわよ。

エスイストゥ ミア カルトゥ イッヒ ゾルテ ミッヒ ヴァルム ハルテン
Es ist mir kalt. Ich sollte mich warm halten.
寒気がするよ。暖かくしておいたほうがいいな。

イヤ ゾルテットゥ エス ベサー ユーバーレーゲン
Ihr solltet es besser überlegen.
君たち、そのことをもっとよく考えたほうがいいよ。

ワンポイント 『~ überlegen』~をよく考える（弱変化する非分離動詞）

ヴィア ゾルテン ベサー イェツトゥ ショーン ゲーエン ゾンストゥ コメン ヴィア
Wir sollten besser jetzt schon gehen. Sonst kommen wir
ツー シュペートゥアン
zu spät an. もう出かけたほうがいいよ。そうしないと到着がとても遅くなってしまうわ。

マン ブラウフトゥ ツヴァー アルバイトゥ アーバー ゾルテ ニヒトゥ ツーフィール アルバイテン
Man braucht zwar Arbeit, aber sollte nicht zu viel arbeiten.
仕事は必要だけれど、働き過ぎはよくない。

72 ～だけでなく…もまた、～も…も

nicht nur ～, sondern auch ...

基本フレーズ

エア シュプリヒトゥ ニヒトゥ ヌア ドイチュ
Er spricht nicht nur Deutsch,
ゾンデルン アオホ フランツェージッシュ
sondern auch Französisch.

彼はドイツ語だけでなくフランス語も話すんだ。

こんなときに使おう！

彼は何語を話すのか聞かれた時に…

　『nicht nur ～, sondern auch ...』は英語の『not only ～, but also ...』に相当します。これとほぼ同じ意味で使われる英語の『both ～ and ...』や『... as well as ...』に匹敵するのが『sowohl ～ als auch ...』です。これらは英語と同じ意味で使われるのでわかりやすいでしょう。

　注意が必要なのは、『nicht nur A, sondern auch B』の表現を使う際に、AとBが主語になる時には単数として扱われ、『sowohl A als auch B』の表現でAとBが主語になる時には、これらは複数として扱われます。したがって、その後に続く動詞の活用形も変わります。

●基本パターン●

nicht nur A, sondern auch B ＋ 単数の主語に対する動詞の活用形 .

sowohl A als auch B ＋ 複数の主語に対する動詞の活用形 .

※AとBは名詞であることが多いですが、形容詞や動詞であることもあります。（次の「基本パターンで言ってみよう！」の例を参照）

~だけでなく…もまた、~も…も／nicht nur ~, sondern auch...

基本パターンで言ってみよう! CD-72

Sie ist nicht nur hübsch, sondern auch klug.
ジー イストゥ ニヒトゥ ヌア ヒュプシュ ゾンデルン アオホ クルーク

彼女は美しいだけでなく、頭も良い。

Diesen Hut können nicht nur Frauen, sondern auch Männer tragen.
ディーゼン フートゥ クェネン ニヒトゥ ヌア フラウエン ゾンデルン アオホ メナー トゥラーゲン

この帽子は女性だけでなく、男性もかぶれます。

Meine Freundin sorgt nicht nur für den Haushalt, sondern ist auch berufstätig.
マイネ フロインディン ゾルクトゥ ニヒトゥ ヌア フュア デン ハウスハルトゥ ゾンデルン イストゥアオホ ベルーフステーティッヒ

友達は家事を切り盛りしているだけでなく、仕事にも就いている。

> **ワンポイント** 『für ~ sorgen』 ~を配慮する (弱変化する非分離動詞)

Sowohl der Zug auf Gleis 4 als auch der auf Gleis 8 fahren nach Berlin.
ゾヴォール デア ツーク アウフ グライス フィアアルス アオホ デア アウフ グライス アハトゥ ファーレン ナッハ ベルリン

4番線の列車だけでなく、8番線の列車もベルリンに行くよ。

Sowohl mein Vater als auch meine Mutter sind Lehrer.
ゾヴォール マイン ファーター アルス アオホ マイネ ムター ジントゥ レーラー

父も母も先生をしています。

Wollen wir heute sowohl tanzen als auch schwimmen gehen?
ヴォレン ヴィア ホイテ ゾヴォール タンツェン アルス アオホ シュヴィメン ゲーエン

今日はダンスをするだけでなく、その後、泳ごうね。

〈付 録〉

これも知っておこう!
パターンの補足説明

パターン1の補足説明

「これは何？」あるいは「この人は誰？」とたずねたい時には、それぞれ最初に疑問詞was、疑問詞werを置いて、その後sein動詞とdasの順序を逆にして、最後に『？』を付けるだけ。

Was + **ist** + **das** ?

注　複数のものを指しても、この質問で代表されます。

答え方　Das ist ein Fahrkartenautomat.
　　　　これは切符の自動販売機です。

※ Fahrkartenautomatについてはコラム②（p111）を参照

Wer + **ist** + **das** ?

答え方　Das sind Herr und Frau Heine.
　　　　こちらがハイネさんご夫妻です。

パターン4の補足説明

疑問文に否定語を入れて否定疑問文の形で問いかけた時には、答え方が変わります。

Ist das kein Tisch? これは机ではないのですか？

答え方　Doch, das ist ein Tisch.
いえ、これは机ですよ。

Nein, das ist kein Tisch.
はい、これは机ではありませんよ。

Ist das nicht schön? いいんじゃない？／よくない？

答え方　Doch, das ist schön!　　　いや、いいよ。

Nein, das ist nicht schön.　うん、よくないね。

Heißt das Musikstück nicht „Eine kleine Nachtmusik"?
その音楽作品は『アイネ・クライネ・ナハトムジーク』というのではないですか？

答え方　Doch, es heißt „Eine kleine Nachtmusik".
いえ、『アイネ・クライネ・ナハトムジーク』という作品ですよ。

Nein, es heißt nicht „Eine kleine Nachtmusik".
ええ、『アイネ・クライネ・ナハトムジーク』という作品ではありません。

パターン8の補足説明

wasを最初に置くと、その後に続けていろいろな疑問文をたずねることができます。

Was ＋ glaubenの活用形 ＋ 主語 ＋ 疑問詞 ＋ 副文 ？

例1 **Was glaubst du, wie das Wetter morgen ist?**
明日どんなお天気だと思う？

答え方　Ich glaube, das Wetter ist morgen bestimmt schön.
明日はきっと晴れだと思うよ。

例2 **Was glaubt ihr, was wir vorhaben?**
私たち、どんなことを計画していると思う？

ワンポイント　『vorhaben』は「〜する予定である」という意味の分離動詞。

答え方　Ihr wollt bestimmt nach Deutschland reisen.
あなたたちだったら、きっとドイツに旅行するんでしょう？

ワンポイント　『wollen』は「〜したい」という強い意志を表す。（パターン63参照）

例3 **Was glauben Sie, wie alt ich bin?**
さて、私はいったい何歳でしょう？

パターン9の補足説明

多くの場合、疑問文を否定形にして、否定疑問文の形で反語的に聞かれます。すなわち、主語esと動詞seinの順序を逆にし、形容詞schönの前にnicht を付け、最後に『？』を付けます。

Ist es + nicht + schön , dass + 副文 ?

findenの活用形 + 主語 + es + nicht + schön , dass + 副文 ?

例1 **Ist es nicht schön, dass der Frühling wieder da ist?**
春がまたやって来たのはすばらしいと思いません？

ワンポイント (r)『Frühling』春

答え方　Wunderbar!　すばらしい！

例2 **Findet ihr es nicht schön, dass die Beiden heiraten?**
あの2人が結婚するなんて、すてきだと思わないかい？

ワンポイント 『beide』元々「両方の」という意味の形容詞。

答え方　Sehr schön!　とてもすてき！

パターン10の補足説明

多くの場合、いろいろな疑問文を頭に置いて、たずねることができます。

疑問詞 + 動詞（直説法現在） + 主語 + その他の文の要素 ?

例1 **Was macht er jetzt?**
彼は今何してるのかしら？

答え方　Er arbeitet jetzt in der Firma.
　　　　会社で今仕事してるよ。

例2 **Wann fährt der nächste Zug nach München?**
次のミュンヘンに行く列車はいつ出発するの？

ワンポイント　『wann』「いつ？」という意味の疑問詞。

答え方　In zwanzig Minuten.
　　　　20分後です。

パターン12の補足説明

多くの場合、いろいろな疑問詞を頭に置いてたずねることができます。

疑問詞 + können の活用形 + 主語 + （動詞が必要とすれば）目的語など + 動詞の原形 ?

Wo kann ich eine Fahrkarte kaufen?
切符はどこで買えますか？

答え方 Gleich hier vorne an einem Schalter im Reisezentrum.
このすぐ前にある旅行センターの窓口で買えますよ。

Wann könnt ihr kommen?
君たち、いつ来れる？

Wie lange können Sie noch bleiben？
まだどのくらい居られますか？

> **ワンポイント** 『wie lange』「どのくらい長く」とたずねる疑問詞。
> （パターン21参照）

パターン14の補足説明①

電話での会話で、möchtenの代わりにwerdenの接続法Ⅱの形würdenとgernを組み合わせた助動詞を使うと、さらに間接的な控え目な表現になります。

Guten Tag. Hier spricht Klein. Ich würde gern mit Herrn Groß sprechen.
こんにちは、クラインです。グロースさんとお話しさせていただきたいのですが。〔電話で〕

パターン14の補足説明②

möchtenを使う文は、多くの場合、いろいろな疑問詞を頭に置いてたずねることができます。

疑問詞 ＋ möchten の活用形 ＋ 主語 ＋ その他の文の要素 ？

Wo möchtet ihr gern wohnen?
どこに住みたいの？

Wer möchte mitkommen?
どなたが参加されたいのですか？

Was möchtet ihr am liebsten essen?
何を一番食べたいの？

Wohin möchten Sie fahren?
どこまで乗られますか？

　答え方　Nach München, bitte.　ミュンヘンまでお願いします。

パターン18の補足説明

ドイツ語では、普通、目的語（アミ部分）は副詞句の後に置かれますが、場所の変化を伴う時には、その副詞句は目的語よりも後に置かれます。

Herr Sommer hat vorgestern mit dem Auto seine Kinder in den Kindergarten gebracht.
ゾマーさんはおととい、自分の車で子供たちを幼稚園に送り届けました。

> ワンポイント　混合変化動詞bringen（連れて来る）の過去分詞。habenの活用形と一緒に現在完了形が作られる。（パターン11参照）

パターン19の補足説明

　warum は、よく長い文が短く略されて日常的な表現として多く使われます。この短い表現は、覚えておくととても便利です。例えば

●母親: **Thomas, kannst du jetzt einkaufen gehen?**
　　　トーマス、今すぐ買い物に行ってきてくれない？

　トーマス: **Was? Warum jetzt?**

　　　(= Warum muss ich jetzt einkaufen gehen?)
　　　えー、どうして今じゃないとダメなの？

●バーバラ: **Du hast immer Kopfschmerzen. Was ist denn los?**
　　　あなたいつも頭痛を抱えてるじゃない。いったいどうしたの？

　モニカ: **Ich weiß auch nicht warum.**

　　　(= , warum ich immer Kopfschmerzen habe)
　　　私にもわからないのよね。

●シュテファン: **Kann ich meine Freundin zu eurer Hochzeitsparty mitbringen?**
　　　君たちの結婚式に僕の彼女を連れて行ってもかまわないかい？

　ミヒャエル: **Warum nicht?!**

　　　(= Warum sollst / darfst du nicht deine Freundin zu unserer Hochzeitsparty mitbringen?)
　　　もちろんだとも！

注　mein Freund / meine Freundin というと、付き合っている特定の「彼氏」「彼女」を意味しますから、単なる「男友達」「女友達」を意味したい場合には ein (guter) Freund von mir / eine (gute) Freundin von mir と表現しましょう。誤解される恐れがあります。

パターン20の補足説明

『wie viel(e) + 名詞』の前に前置詞が付く表現もあります。

*Um wie viel Uhr fährt der Zug ab?
何時に列車は発車しますか？

> ワンポイント　この代わりにwannも使われる。（パターン17参照）

In wie vielen Monaten bist du mit deinem Studium fertig?
あと何か月したら（何か月後に）大学を卒業するの？

An wie viele Gäste müssen wir noch die Einladungskarten schreiben?
招待状をまだ何人のお客さんに書かなければいけないの？

> ワンポイント　『Einladungskarten』招待状

パターン25の補足説明

『kommen』と『gehen』は、根本的に日本語と捉え方が全く違います。英語やドイツ語などの印欧語では、話題の中心に向かって行くのがkommenで、話題の中心から遠ざかって行くのがgehenで表されます。p.136の例では、話題の中心はパーティのところにあるので、kommenが使われます。

パターン39の補足説明

接続法の変化形を見て「ドイツ語の文法って何て難しいの！」なんてため息をついているあなた、大丈夫ですヨ！　ご心配なく！　初心者のうちは簡単な代替形を使いましょう。原形とwürden（werdenの接続法Ⅱ）を組み合わせるだけです。

例　**Es wäre nett, wenn du etwas früher <u>kommen würdest</u>.**

また、いっそのこと、いつもkönntenを使って原形と組み合わせてもいいですよ。

例　**Es wäre nett, wenn du etwas früher <u>kommen könntest</u>.**
もう少し早く来てくれたらありがたいんだけど。

パターン42の補足説明

gehenとlaufenは最も基本的な動詞の1つですが、多くの比喩的な意味も持ち、日常生活でうまく使うととても便利ですので、ぜひ活用しましょう！

例　**Was läuft jetzt im Kino？**
映画館では今何をやっていますか？
Der Reisepass läuft bis zum 15. September.
そのパスポートは9月15日まで有効である。
Das geht nicht！
それはだめだよ！
Der Minister musste gehen.
大臣は職を辞さなければならなかった。

パターン60の補足説明

『seit』は過去のある時点から現在までの期間を表すので、sein, lernen, wohnen, kennen などの、その状態が継続されることを表す動詞（持続相の動詞）と一緒に用いられます。

それに対して、beginnen, kennenlernen, sterben などの、ある時点に起こることを表す動詞（起動相の動詞）を使う時には、「〜前に」という意味の『vor』が使われます。

例 **Wir kennen uns seit mehr als dreißig Jahren.**
私たちは30年以上お互いを知る仲です。

Ich habe meinen Mann vor mehr als dreißig Jahren kennengelernt.
私は30年以上前に夫と知り合いました。

[著者]

山木喜美子（やまき・きみこ）

東京ドイツ文化センター（ゲーテ・インスティトゥート）にてドイツ語教師養成コース全課程を修了。2001年フランクフルト大学でドイツ語教授法・言語学・スペイン語学文学・日本語学文学の学科で総合修士M.A.(Magister Artium)のタイトルを取得して卒業。同年、通訳翻訳ドイツ国家試験に合格。外国人に与えられるドイツ語の最高資格であるドイツ語大ディプローム（Großes Deutsches Sprachdiplom）を取得。延べ約13年にわたりドイツに滞在。ドイツ語を母国語同様に話し、ドイツ事情にも通じている。20年以上、ドイツ語教育の第一線で活躍している。現在は東京ドイツ文化センター（ゲーテ・インスティトゥート）、日本大学文理学部独文学科、および日独協会で教鞭をとる。ドイツ語の他、英語とスペイン語も話す。

著書に、ドイツ語教本『Mitteleuropa–sein Aufleben und Deutschland』（郁文堂）（原文：加藤雅彦著『中欧の復活とドイツ』）、大学生用ドイツ語教科書『Lesetext mit Grammatik（ドイツの街の物語）』（三修社、共同執筆）、ドイツ語作文コンクール教授・指導用資料『Schreib doch mal Deutsch（ドイツ語で書いてみよう）』（共同執筆）。Formulieren（テキスト作成）のプロセスを担当（DAAD　ドイツ学術交流会）。

CD BOOK　たったの72パターンでこんなに話せるドイツ語会話

2015年　3月23日　初版発行
2021年　11月24日　第8刷発行

著　　者	山木　喜美子
発　行　者	石野　栄一
発　行　所	明日香出版社

〒112-0005　東京都文京区水道2-11-5
電話　03-5395-7650（代表）
https://www.asuka-g.co.jp

印　　刷	株式会社研文社
製　　本	根本製本株式会社

©Kimiko Yamaki 2015 Printed in Japan　ISBN 978-4-7569-1762-1 C2084
落丁・乱丁本はお取り替えいたします。
本書の内容に関するお問い合わせは弊社ホームページからお願いいたします。

CD BOOK たったの72パターンで こんなに話せるイタリア語会話

ビアンカ・ユキ/ジョルジョ・ゴリエリ：著

本体価格1800円＋税
B6変型　224ページ
ISBN4-7569-1397-5
2010/07発行

『72パターン』を使い回せば、
誰でも必ず話せる！
これでもう
フレーズ丸暗記の必要ナシ！

CD BOOK たったの72パターンで こんなに話せるフランス語会話

小林　知子／エリック・フィオー：著

本体価格1800円＋税
B6変型　224ページ
ISBN978-4-7569-1403-3
2010/08発行

『72パターン』を使い回せば、
誰でも必ず話せる！
これでもう
フレーズ丸暗記の必要ナシ！